Anke Brausch

Alt bist du erst, wenn der Bürgermeister zum Geburtstag gratuliert

Anke Brausch

Alt bist du erst, wenn der Bürgermeister zum Geburtstag gratuliert

Rediroma-Verlag

Bibliografische Information der Deutschen
Nationalbibliothek:
Die Deutsche Nationalbibliothek verzeichnet diese
Publikation in der Deutschen Nationalbibliografie;
detaillierte bibliografische Daten sind im Internet
über http://dnb.ddb.de abrufbar.

ISBN 978-3-86870-891-2

Umschlagillustration und Layout:
Heiko Mauel (Mauel-IT)

www.rediroma-verlag.de
11,95 Euro (D)

Für den besten Papa der Welt!
Möge der Bürgermeister dir noch oft gratulieren!

40 - Wenn die Kerzen mehr kosten als die Torte

Wissenschaftler haben herausgefunden, dass Menschen, die öfter Geburtstag haben, länger leben. Erst im Teenageralter wurde mir bewusst, dass man ab einem gewissen Lebensjahr in einer speziellen Rubrik der örtlichen Zeitung Erwähnung findet, wenn man Geburtstag hat.

Unter „Wir gratulieren" findet man Woche für Woche die Namen der Senioren, deren Alter einen bestimmten Wert erreicht oder überschritten hat. Wenn man super, super alt wird, kommt sogar der Bürgermeister mit einem hübschen Strauß Blumen vorbei und gratuliert höchstpersönlich – wow! Ist doch eine nette Geste!

Im Laufe der Zeit stellte ich aber fest, dass nicht alle älteren Menschen begeistert von dieser öffentlichen Bekanntmachung sind und daher ein Abdrucken ihres Ehrentages in der Zeitung ablehnen. Ebenso verzichten sie gerne auf den Besuch des Bürgermeisters und auch auf seine mitgebrachten Blumen, die, sieht man es mal ganz dramatisch, vielleicht schon ein erster Vorbote in Richtung Grabschmuck sind – die Rubrik „Wir gratulieren" steht vielleicht auch nicht zufällig gleich über der Spalte „Verstorbene".

Eigentlich ist Geburtstag haben doch toll! Man steht im Mittelpunkt des Geschehens, bekommt Glückwünsche und Geschenke, Umarmungen, Händeschütteln, Schulterklopfen, Schokotorte und lieb gemeinte Worte. Viele singen ein Ständchen, überall erschallt „Wie schön, dass du geboren bist" und „Hoch soll sie leben".

Als ich meinen 18. Geburtstag erreichte – das war damals, als man beim Telefonieren noch verträumt die Finger in der Strippe verknoten konnte - und 99% der Gratulanten nicht nur davon sangen, wie sehr sie mich vermissen würden, wäre ich nie geboren worden – was im Übrigen überhaupt keinen Sinn macht, denn gäbe es mich nicht, würde ich auch niemandem fehlen – sondern mir auch ständig sagten, ich sei nun „volljährig", kam ich ins Grübeln.

Volljährig. Was soll das nun wieder bedeuten? Okay, ich durfte nun (offiziell) Auto fahren und über meinen Zapfenstreich selbst entscheiden, aber sonst sind mit der Volljährigkeit doch nur langweilige Privilegien verbunden. Wählen gehen zum Beispiel. Entscheiden, welchen Beruf man ausüben will. Strafmündig sein. Eigenständig Geld verdienen und sich selbst finanzieren. Erwachsen sein – im wahrsten Sinne des Wortes über Nacht.

War ich am späten Abend des 5.7.1991 noch ein unmündiges Kind, das zur Realität nur sporadisch

7

Kontakt hatte, das dem Schutz von Eltern und Gesetz unterstand, dessen kleine Eskapaden man mit Humor nahm, war ich doch schließlich noch ein unwissender Teenie, so sollte ich nun Schlag 0 Uhr volljährig und super seriös sein. Ist das nicht ein bisschen viel verlangt?

Nun gab es keine Narrenfreiheit mehr! Schluss mit dem unbeschwerten Leben und dem Augenzudrücken. Ich ahnte damals schon, dass Älterwerden nicht so mein Ding ist…

In der Regel schwindele ich mein Alter betreffend ohnehin immer. Oder ich versuche geschickt, das Thema zu umgehen.

Wenn jemand sagt: „Ich bin 24 und du?", antworte ich meist mit: „Ich? Ähm… auch was mit Zahlen." Da ich noch recht jung aussehe, wird mir an sich auch immer Glauben geschenkt, wenn ich Altersangaben mache, die schon längst der Vergangenheit angehören. Die meisten Menschen wundern sich nicht mal über mein reichhaltiges Wissen bzgl. der 80er und der früher 90er. Die halten mich sicher einfach für umfassend gebildet.

Da wirst du 5 und denkst „Och, ich hab´ noch so viel Zeit im Leben" und plötzlich bist du 18! Vorbei die Geburtstage mit Topfschlagen, Eierlaufen und Schokoladenwettessen – wie sieht das auch aus, wenn der Bürgermeister zu Besuch kommt und du ´ne Kuchenkrümel-Schnute hast .

Das war´s also mit Party! Was gibt es denn auch

noch groß zu feiern? Das Älterwerden? Falten und Runzeln? Hängebrüste? Dass man überhaupt noch da ist?

Die Menschen, die einen vermissen würden, wäre man nicht geboren, werden auch immer weniger. Und entsprechend dem Lied der Böhsen Onkelz „Nur die Besten sterben jung" muss man sich fast schon schämen, dass man noch lebt.

Vor 7 Jahren dann der Schock!

Am Nachmittag des 6.7.2008 – mein 35.ster Geburtstag – öffnete ich wie gewohnt den Briefkasten. Rechnungen, Werbung, das Übliche. Doch mitten in diesem Stapel zukünftigen Altpapiers kam plötzlich ein Brief zum Vorschein, mit dem ich (noch) nicht gerechnet hatte – ein Geburtstags-Glückwunsch-Schreiben vom Verbandsbürgermeister!

Echt jetzt???

Älterwerden ist unvermeidbar - Erwachsenwerden optional

Okay, wie sich rausstellte, wurde mir die Ehre der Bürgermeistergratulation nur deshalb zu Teil, weil ich als Schulleiterin im Dienste der Verbandsgemeinde stehe. Aber der Schock saß tief...
„Ich gratuliere Ihnen zu Ihrem 35sten Geburtstag", stand dort geschrieben.
35.
Das ist alt.
Das ist sehr alt.
Das ist fast Jopie-Heesters-alt.

Panik kroch in mir hoch. Was hatte ich wohl schon alles verpasst, während ich vor mich hindümpelte im Glauben, noch soooo viel Zeit zu haben?
35.
Aber ich fühle mich doch noch so jung...
Ab heute bin ich näher an der 40, als an der 30.
Die Zeit rast.
Ein Blick in den Spiegel konnte mich nur kurzzeitig beruhigen.
Hm... wenn ich mit den Fingern meine Wangen ganz stramm nach außen Richtung Ohren ziehe, dann hängen sie gar kein bisschen. Und wenn ich mich gaaaanz weit zurücklehne, sind meine Brüste

genau da, wo sie immer waren. Gut, die haben zwar die Pubertät verpasst, aber das bisschen, was man nach kurzem Suchen findet, zeigt noch nicht wirklich nach Süden.

Mit leichtem Vorbeugen kann ich über meinen lebensmittelschwangeren Bauch noch locker meine Fußspitzen sehen und Dank des jahrelangen Zahnspangentragens kann ich lächeln, ohne dass die Leute glauben, ich hätte Ähnlichkeit mit dem Gewinnergaul vom Kentucky Derby.

Gut, mein Hintern sieht in meinen Jeans aus Teenagertagen ein bisschen aus, als wollten sich zwei Hundebabys freistrampeln, aber die ersten Falten auf der Stirn sind noch nicht so eingefurcht, dass man Lust bekäme, Kartoffeln zu pflanzen. Das ist auch sicher keine Alterserscheinung, vielmehr handelt es sich hier um ein Denker-Sixpack.
Der Badspiegel hat den Anstand zu beschlagen, wenn ich aus der Dusche komme und so weichgezeichnet sehe ich doch echt prima aus!

Sind das Sommersprossen? Oder Roststellen?
Sicherheitshalber cremte ich mir das Gesicht mit meiner Bebe-Young-care-Tagespflege ein.
Seltsam... Ich war mit der großzügig verteilten Creme noch nicht mal am Hals angekommen, da hatte mein Gesicht den aufgetragenen Belag bereits komplett absorbiert.

Also, noch ´ne Schicht! Auch die war binnen weniger Sekunden wie durch eine geheime Hautporen-Tür verschwunden.

Ich rief sicherheitshalber die Mama an:

„Du Mami, die Bebe-Young-care ist kaputt."

„Tja, mein Pünktchen, du bist jetzt 35, da reicht die Creme nicht mehr aus. Du brauchst jetzt was für reife Haut. Nimm doch Oil of Olaz."

Oil of Olaz?

Das ist Oma-Creme!

Aber gut, wenn die Mama das sagt, dann wird´s wohl so sein.

Ich suchte also im Supermarktregal nach Oil of Olaz-Produkten. Beim Versuch, an der Bodylotion zu riechen, spritzte mir der halbe Inhalt ins Gesicht… ich sah aus wie ein Pornostar nach Drehschluss… Ich stellte die Lotion also wieder ins Regal, kaufte die Gesichtscreme und füllte sie in den Bebe-Young-Care-Tiegel. Muss ja keiner wissen, dass ich jetzt reife Haut habe.

Die aus der Serie „Desperates Housewifes" bekannte Schauspielerin Dana Delany – mittlerweile 59 und noch gut in Schuss - vermutlich verwendet die Oil of Olaz – wurde neulich gefragt, was ihrer Meinung nach der Grund dafür ist, dass sie sich so gut gehalten hat. Ihre Antwort fand ich ausgesprochen kreativ, denn sie war gänzlich frei von den übrigen Phrasen wie: Ich trinke ausschließlich Wasser, ernähre mich gesund, rauche nicht und treibe Sport.

Dana Delany sagte mit einem Lächeln im Gesicht: „Ich war noch nie verheiratet und habe keine Kinder."

Puh, da habe ich ja bisher alles richtig gemacht! Vielleicht sollte ich für den Rest meines Körpers auch noch was tun…

Mit Mitte 30 kann frau ihre Fettpölsterchen wohl nicht mehr mit dem Babyspeck-Argument erklären. Dabei hab´ ich den doch nur, weil ich immer den Teller leer gegessen hab´, damit alle schönes Wetter haben!

Vielleicht sollte ich Sport machen. Früher habe ich Handball gespielt, die ollen Klamotten müsste ich doch noch irgendwo haben.

Nach einiger Zeit wurde ich fündig. Und hey: Das taillierte, enganliegende Shirt und die kurze, wie ein Schlüpper geschnittene Sporthose, passten noch ☺

Was ist das nun wieder?

Waren meine Beine ohne mein Wissen in einen Hagelsturm geraten? Dellen! Überall Dellen!

Ich rief den Papa an:

„Ich hab´ ´nen Hagelschaden!"

„Das bezahlt die Provinzial."

Sei sportiv - mach mehr Glimmzüge

Bundesjugendspiele – nichts erzeugt ein so grummeliges Gefühl in meiner Magengegend wie diese schulische, staatlich anerkannte und in der Gesellschaft vollkommen akzeptierte Foltermethode, die Generationen von Schülern über sich ergehen lassen mussten. Vielleicht ist auch diese sportliche Veranstaltung ein Bestandteil der Erbsünde, die alle Nachfahren Adams und Evas zu tragen haben. Aber nur, weil das erste Pärchen ever einen Obsttag einlegen wollte, müssen wir heute doch nicht derart hart abgestraft werden!

Irgendein ausgesprochen schlauer Mensch - vielleicht jemand mit Fructoseintoleranz – hat nun die Diskussion angeregt, die Bundesjugendspiele auf freiwilliger Basis stattfinden zu lassen oder dieses unsägliche, jährlich immer wieder veranstaltete Event gleich ganz einzustellen. Als ehemalige Schülerin und heutige Lehrerin unterstütze ich das!

In der Grundschule haben die Kinder noch viel Spaß an diesem Tag, die Leistung steht weniger im Vordergrund, die Kinder sind noch nicht in der Lage, die eigene Leistung mit der anderer in "Konkurrenz" zu setzen und zu vergleichen. Für meine Schüler geht es um einen Ausflug auf den Riiieeeesensportplatz in die Riiieeesenkreisstadt, in einem RICHTIG großen Bus, picknicken und abends den Eltern von all den tollen Dingen berichten, die man erlebt hat.

Wenn ich einem Erstklässler-Mädchen nach einem 20cm-"Weit"sprung, bei dem nicht mal annähernd der Sandhaufen getroffen wird, sage: „Boah, du bist soooo gut! Ich glaube, dein Sprung war heute von allen der Beste!", dann strahlt das Kind und ich strahle ebenfalls, weil ich in ein glückliches und stolzes Kindergesicht blicke. Dass alle anderen Kinder - im wahrsten Sinne des Wortes - um Längen besser sind, spielt für dieses Kind keine Rolle. Wichtig sind meine Anerkennung und mein Lob. So weit, so gut.

Leider bleibt uns allen nichts anderes übrig, als eines Tages älter zu werden und gerade in der Pubertät, die ohnehin schon eine schwierige Zeit mit vielen Auf und Ab´s ist, ist es dem wackeligen Selbstkonzept, das sich gerade bildet, nicht förderlich, wenn man körperliche Unzulänglichkeiten verschämt zur Schau stellen muss und jeder darüber spricht, wessen 6.-Klässler-Busen schon an der magischen Doppel-D kratzt oder wessen Oberweite, von der Pubertät unbeeindruckt, der Weiblichkeit trotzt, wer sich schon die Beine rasiert und wer besser damit anfangen sollte, wer noch nicht regelmäßig das Solarium aufsucht, wer welche

Sportmarke zur Schau stellt oder T-Shirts von kik trägt und wer sich über Weihnachten ein paar Pfündchen zu viel angefuttert hat.

Es geht bei den Bundesjugendspielen während der Pubertät nicht mehr um Spaß, Anerkennung und Lob und schon gar nicht um Sport - es geht um aufwallende Hormone, das Interesse am anderen Geschlecht, um Optik...

Was tun? Ich denke, einem übergewichtigen Kind, das durch Hänseleien auch noch den letzten Rest an Selbstvertrauen verloren hat, kann ich wohl eher nichts mehr erzählen, was auch nur im Entferntesten das wieder gerade rücken könnte, was Gleichaltrige durch unangebrachte Äußerungen ins Wanken gebracht haben. Hatte während der Grundschulzeit noch meine Aussage das mit Abstand größte Gewicht, so sind es heute die Aussagen der Mitschüler, die prägen - und dass nicht nur für den Moment!

Wenn mein 20jähriges Abitreffen mich eines gelehrt hat, dann, dass einige meiner ehemaligen Mitschüler auch heute noch unter den Anfeindungen bezüglich ihrer Figur und Optik zu leiden haben. Dieser Schmerz sitzt tief und es ist traurig, erwachsene Menschen, die beruflich und privat enorm viel erreicht haben, dabei zu beobachten, wie sie sich durch Erinnerungen an die Schulzeit, die ja schön und anheimelnd sein sollen, plötzlich wieder genauso fühlen, wie sie sich damals auf dem Sportplatz fühlten...

Selbst, wenn aus dem dicklichen Mädchen von damals heute eine Size-Zero mit tollem Manager-Posten geworden ist und der Hänsel-Schwachmat von früher nicht nur coole Sprüche, sondern auch einen 9-Monats-Bierbauch und eine schicke Halbglatze zum Abitreffen mitbringt, ist die vermeintliche Überlegenheit des Letzteren noch immer für alle spürbar.

Mit Mathe oder Deutsch kann man die Bundesjugendspiele sicher nicht vergleichen, denn bei beidem spielt die Optik keine Rolle. Mathematisch begabt zu sein ist weder cool, noch uncool und eine gute Rechtschreibung lässt einen auch nicht zum Star des Schulgeländes werden.
Vielleicht würden so Manchem die Augen geöffnet, wenn mathematische Wettbewerbe oder das Vorlesen vor Publikum ebenso verpflichtend wären, wie die Bundesjugendspiele - es wäre zumindest ausgleichende Gerechtigkeit.

Wie man sich füttert, so wiegt man!

Unsere Esskultur hat sich in den letzten Jahren stark verändert. Im Diät-Angebot erscheinen immer wieder ganz neue, bahnbrechende Methoden, um den überflüssigen Pfunden den Kampf anzusagen.

Da gibt es Vegetarier und Veganer, Fructarier, Pescetarier und Paleo-Anhänger. Da fällt mir ein: Dürfen Vegetarier eigentlich Schmetterlinge im Bauch haben?

Ich könnte mir vorstellen, dass Spinnen nachts heimlich in die im Schlaf offen stehenden Münder von Vegetariern krabbeln und sich ´en Loch in den Bauch freuen.

Spaß beiseite! Veganes Essen ist gar nicht so übel. Eigentlich ist es sogar ziemlich lecker, wenn man es mit Hackfleisch, Sahne und überbackenem Käse verfeinert.

Wenn der Boykott von Fleisch so weiter geht, werde ich wohl bald mit meinem Steak draußen vor der Restauranttür bei den Rauchern stehen…

Bio ist halt nix für mich! In meinem Alter braucht man alle Konservierungsstoffe, die man kriegen kann! Du kannst mir auch nicht erzählen, dass Bio-Obst deutlich gesünder schimmelt, als das mit Pestiziden.

Ich esse halt gern! Und ich esse halt gern viel! Und ich esse halt gern auch Süßes! Egal, ob braun oder weiß, jede Schokolade ist schön – gib Rassismus keine Chance!

Vielleicht liegt meine Gewichtszunahme auch gar nicht an der Schokolade, vielleicht liegt es doch am Gemüse…? Ich ernähre mich doch auch vitaminreich! Es ist nur so, dass Nutella recht wenige Vitamine besitzt, weswegen man deutlich mehr davon essen muss!

Süß sind im Übrigen auch die Leute, die sich alle möglichen Kochsendungen angucken und total viel Ahnung haben, welche Gewürze und Kräuter sich mit welchem Wein gut verstehen.

Meine Gewürze bewahre ich im Salzstreuer auf und statt Wein trinke ich Tequila, weil der mit dem Salz so toll harmoniert. Gut, ich hab nicht viel Ahnung von Haute Cuisine, aber mit fehlenden Kochkünsten plus fehlender Berühmtheit, wäre ich durchaus ein passender Kandidat für´s Promi-Dinner.

Eins steht fest: Frauen – egal ob dick oder dünn – haben immer Probleme, über ihr Gewicht zu reden oder darauf angesprochen zu werden. Wenn eine Frau in Rage schreit „Weißt du, was mir überhaupt nicht passt?", ist „Größe 36" die falsche Antwort!

Blöd ist nur, dass der ganze Süßkram so eine hohe Rendite hat. Man isst 100g und nimmt 500g zu. So wird man natürlich schnell zum Pralinenfriedhof… Man hat allerdings im Notfall auch mehr zuzusetzen, als die Damen der Knochenfraktion, deren Gewicht sich durch taktisches Kotzen etwa bei zwei Kilo über Organversagen eingependelt hat.

Vielleicht habe ich in den letzten Jahren auch gar nicht zugenommen, vielleicht habe ich mich schlicht und ergreifend auseinander gelebt...
Sowas passiert...
Ist doch auch gar nicht schlimm...
Pandas sind dick und liegen nur faul rum – trotzdem finden alle sie niedlich! Aber bei uns Menschen ist es nun mal nicht wie in der Tierwelt. Es ist nicht wie bei Raupe Nimmersatt, dass man isst und isst und isst und isst und plötzlich schön wird.

Ich wollte ja bis zum Sommer 10 Kilo abnehmen, jetzt fehlen nur noch 17. Ist halt blöd, wenn Couch gegen Sport immer mit 1:0 in Führung geht. Mein Arzt ist auch nicht zufrieden mit meiner Anti-Sport-Haltung, aber seit ich meinen Schrittzähler immer mit in die Waschmaschine packe, ist er mit meiner Fitness ganz zufrieden.

So lange ich beim Arztbesuch noch nach dem Versicherungskärtchen gefragt werde, statt nach der Patientenverfügung, ist doch alles prima! Ich liege halt gern. Punkt. Ich könnte mir auch vorstellen, dass der Erfinder des Sofas danach nie wieder was erfunden hat.

Dass auch ich – trotz der hartnäckigen Gegenwehr und dem unaufhörlichen Leugnen – älter geworden bin, merkt man alleine schon daran, dass alle meine Pflanzen im Haus leben und man nicht eine davon rauchen kann.

Frei nach „The Sixth Sense" - Ich kann dumme Menschen sehen

Wunder geschehen - gestern habe ich tatsächlich Arte geguckt! Dort lief der Film „Carrie – Die jüngste Tochter Satans". Die Hauptdarstellerin, die gleichsam unter ihrer christlich-fanatischen Mutter, wie auch unter den Anfeindungen ihrer Mitschüler zu leiden hat, besitzt die Fähigkeit, durch die Kraft ihrer Gedanken Gegenstände zu verrücken und ein Feuerchen zu entfachen, das seines gleichen sucht.

Als ich diesen Stephen King-Klassiker erstmalig sah, war ich bereits im wahrsten Sinne des Wortes „Feuer und Flamme", zollte doch das Inferno beim Abschlussball gegen Ende des Films meinem Gerechtigkeitssinn in besonderem Maße Tribut. Darüber hinaus stellte ich fest, dass die Fähigkeit der Pyrokinese eine tolle Sache ist. Von da an übte ich pyroki… - äh, wie ist denn das Verb dazu… pyrokinesieren? – egal, jedenfalls wollte ich das auch können: Mein Gegenüber allein durch die Kraft der Gedanken in Flammen aufgehen lassen. Das ist doch eine praktische Methode, sich unliebsamer Leute zu entledigen. Mord ist es jedenfalls nicht, denn ich habe diese Menschen ja nicht einmal berührt, Fingerabdrücke gibt es auch keine und mir könnte niemand nachweisen, dass das Inferno ausgerechnet durch meine Gedanken entstanden ist. Brandmaterial bot sich ausreichend und wenn einige Menschen wüssten, dass sie in meiner Fantasie schon des Öfteren binnen Sekunden zu kleinen Aschehäufchen geworden sind, würden sie mir vermutlich freiwillig aus dem Weg gehen.

So sehr ich mich auch bemühte, alle Feindbilder leben noch heute, nicht einmal kleine Brandblasen konnte ich ihnen zufügen.
Gut, vielleicht hatte ich mir zu viel vorgenommen. Telekinese beinhaltet ja auch noch andere Bereiche, zum Beispiel das Bewegen von Gegenständen mittels Gedankenkraft. Auch das versuchte ich, wäre es doch so praktisch, einfach von der Couch aus das Essen aus dem Kühlschrank zu denken. Leider waren meine Erfolge auch hier nur mäßig. Einmal kam mir der Quark mit Mindesthaltbarkeitsdatum Juni 1997 entgegen, aber das hatte nicht wirklich etwas mit Telekinese zu tun...

Irgendeine Superkraft MUSSTE ich doch besitzen! Okay, wenn ich keine Gegenstände mit der Kraft meines Hirns bewegen kann, vielleicht kann ich ja mich selbst woanders hin denken. Ich übte mich also nun im Teleportieren. Ich schaffte es zwar, mich gedanklich aus der Schule auf den roten Teppich der Oskar-Verleihung zu beamen, aber körper-

lich saß ich noch immer im Matheunterricht. Teleportieren war´s also auch nicht…

In der Serie „Sabrina – total verhext" konnte die
Hauptdarstellerin durch Heben ihres Zeigefingers
tolle Dinge ausrichten, sich zum Beispiel in Sekun-
denschnelle umziehen. Bestimmt kann ich das
auch! Ich versuchte also, genau wie Sabrina, den
Zeigefinger zu heben, kurz zu blinzeln und dann
ein anderes Outfit anzuhaben. Es tat sich - nichts!
Als ich nach zwei Wochen des Übens schon zu
stinken begann, wechselte ich den Schlüpper dann
doch wieder so wie alle anderen - manuell.

Die Serie „Charmed – Zauberhafte Hexen" brachte
mich dann darauf, das Zeitanhalten zu üben, aber
auch hier tat sich nichts.
Ich bin enttäuscht! Ich dachte tatsächlich, dass ich
mehr könnte, als bloß zu machen, dass die Luft
stinkt. All die Überei hatte nicht zu dem Erfolg
geführt, den ich mir erhofft hatte. Und dabei hatte
ich es mir so toll ausgemalt, morgens beim We-
ckerklingeln kurz die Zeit anzuhalten, auszuschla-
fen, mich mit Hilfe meines Zeigefingers zu stylen,
mich anschließend zur Arbeit zu beamen, wo ich
dann einfach alles in Flammen aufgehen lasse,
wenn ich denke, genug gearbeitet zu haben.

Aber ich gebe nicht auf! Ich arbeite sehr intensiv daran, den Alterungsprozess zu stoppen. Vielleicht gelingt mir das ja eines Tages, die moderne Schönheitschirurgie durch irgendeinen bahnbrechenden, ganz einfachen Trick zu stoppen.

Apropos einfacher Trick: Ich bin mir sicher, dass jedem Internetuser irgendwann schon einmal eine Anzeige ins Auge gesprungen ist, in der es heißt: „Verbrennen Sie Bauchfett mit diesem einfachen Trick".

Nachdem ich diesem Aufruf so an die 1000 Mal begegnet war, nahm ich mir die Zeit, mir den dazu gehörenden Link mal genauer anzusehen. Im Vordergrund erschien eine animierte GIF-Datei, bei der ein gezeichneter Bauch stetig von dick auf dünn wechselte, im Hintergrund hörte man eine Männerstimme, die unaufhörlich plapperte, den Grund für Bauchfett darlegte, aber nach 10 Minuten immer noch nicht zum Punkt gekommen war, mit welchem ominösen Trick man denn nun das Bauchfett verlieren kann. Ich gab auf, schloss die Seite und werde somit nun wohl nie erfahren, wie ich meinen *hüstel* Babyspeck verlieren kann — das minutenlange Starren auf die GIF-Datei hat jedenfalls nichts gebracht...

Diät-Regel Nummer 1:
Wenn´s schmeckt, spuck´s aus!

Jeden Morgen dieselbe Frage:
Wer bin ich?
Wo bin ich?
Und warum so früh?
Es ist schon deprimierend, wenn frau älter wird. Die ersten Hitzewallungen haben mich auch schon erreicht… Erst dachte ich, es wären Frühlingsgefühle oder genauer gesagt ein spontan aufblühendes sexuelles Verlangen, denn meine erste Hitzewallung erlebte ich, während sich Jesse Williams alias Dr. Jackson Avery in der Serie Greys Anatomy erstmalig oberkörper-unbekleidet zeigte.

Die zweite Hitze wallte auf, während ich das Altglas entsorgte und auf der, neben den Containern stehenden Plakatwand, einen dickbäuchigen, sehr behaarten Mann erblickte, dessen Speckbauch in der viel zu kleinen Jacke als Werbung für die Altkleidersammlung diente. Somit war das Argument des sexuellen Verlangens als Ursache für mein schwitziges Erröten entkräftet.
Mann, das kann doch nicht sein, dass ich mit 40 schon in die Wechseljahre komme!?
An sich ist mir das ja latte, weil der liebe Gott bei

mir den Einbau dieser ominösen biologischen Uhr eh vergessen hat und meine weibliche Ausstattung zum Gebären von Kindern seit jeher brach liegt. Aber Hitzewallungen und Wechseljahre passen so gar nicht in meinen Lebensplan...

Und ich hab´ doch schon alles detailliert geplant! Ich werde im Kreise lustiger Zeitgenossen meinen 111. Geburtstag feiern. Da lasse ich es ordentlich krachen – mehrfach, denn meine häufigen Unterzuckerungen durch die familientraditionelle Hypoglykämie werden über die Jahre so viele Gehirnzellen vernichtet haben, dass ich zwar leicht dement bin, mir aber die übrig gebliebenen Erinnerungen so viel Freude machen, dass es mich nicht weiter kratzt, ob ich gerade meinen 5. Wodka-Red Bull trinke, in der Annahme, es sei der erste.

Wenn meine Gäste weg sind, lege ich mir eine CD ein und höre Musik (sehr laut, denn meine Schwerhörigkeit wird sich bis dahin eher dramatisch verschlechtert haben, als besser geworden sein), während ich herum wirbele (ich werde körperlich noch total fit sein – ich habe erst spät Laufen gelernt, gerechtigkeitshalber müssen also hintenraus ein paar Jährchen Mobilität drauf gelegt werden) und das Haus von den Überresten der wilden Party befreie.
Wenn ich damit fertig bin, gönne ich mir eine letzte Gesichtsbehandlung – sollte dieser Tag auf einen

Samstag fallen, gehe ich überdies auch noch einmal duschen und suche noch einmal das stille Örtchen auf, nicht, dass meine schwache Blase meinen Plan durchkreuzt - dann setze ich mich in meinen Schaukelstuhl, versammle meine 20 Katzen um mich, zünde mir eine letzte Zigarette an, betrachte mein nun wieder sauberes Haus, bin stolz und dankbar auf und für mein tolles Leben und schlafe mich dann zu den Klängen von U2 oder Melissa Etheridge rüber in eine andere Welt, an deren Eingang mich schon alle vorangegangen Wegbegleiter mit einer Party empfangen.

Wenn nun aber schon mit 40 die Wechseljahre beginnen, schaffe ich es dann, bis zum 111. Geburtstag durchzuhalten?

Während der Pediküre habe ich in der Bunten gelesen, dass Angelina Jolie einen BMI von 15 hat. Die wiegt bei einer Größe von 1,83 schlanke 53 Kilo. Ich will auch einen BMI von 15! Wenn ich rufe: „Ich bin auch nur ein Mensch", meldet sich im Hintergrund die Waage: „Anderthalb".

Kein Wunder, dass der Brad Pitt nicht auf mich abfährt. Um einen BMI von 15 zu haben, darf ich bei meiner Größe von 1,57 gerade mal 28 Kilo wiegen. Warum sagt mir denn keiner, dass ich so fett bin?!

Ich muss dringend Sport machen. Die Bikini-Saison steht vor der Tür – glücklicherweise auch der Pizzabote, vor dem harten Training muss ich mich erstmal dringend stärken.

Die Frage ist nur, welcher Sport ist für mich der richtige? Da ich ja die Bundesjugendspiele immer boykottiert habe, habe ich jetzt keine Ahnung, was ich überhaupt annähernd hinbekomme. Yoga geht organisatorisch nicht! Ich bin ja Single und lebe allein. Wenn ich mich bei den Verrenkungen verknote, ist niemand da, der mich befreit.

Hm... Dann lasse ich diese katholische Sportart „Pilatus" besser auch. Ich kann auch dieses Dehnen gar nicht, das will meine Haut einfach nicht! Bei mir ist die Haut so gespannt, dass mir, wenn ich die Beine lang mache, zwangsläufig die Augen zufallen.

Badminton vielleicht. Nee, das ist nix für Brillenträger, viel zu gefährlich. Das kann im wahrsten Sinne des Wortes ins Auge gehen. Und was hab´ ich davon, schlank und durchtrainiert zu sein, wenn ich es selbst nicht sehen kann!? Damit fällt Tennis auch flach. Und sicherheitshalber auch Tischtennis.

Für Basketball bin ich zu klein.

Karate ist viel zu aufwendig, da muss man erst japanisch lernen, damit man die Anweisungen auch versteht. Somit fallen Judo, Taekwondo und Kendo auch weg.

Eiskunstlauf – das Anmutige hätte ich ja, aber ich neige im Kalten so zu Blasenentzündungen.

Schwimmen – soll ja gut für den Rücken sein, aber das ganze Chlor macht meine Haare kaputt und nach der Schwimm-Karriere bleibt mir nichts anderes übrig, als einen übergewichtigen Monegassen-Fürsten zu ehelichen und so lange depressiv in die Welt zu blicken, bis ich endlich Zwillinge gebäre.

Fußball – seit der Frauen-WM ja schwer angesagt, aber wo soll ich 21 Freunde finden, die mit mir spielen?

Mann, das ist aber auch schwer, aus dem ganzen Sortiment das Passende für mich zu finden…

Die Angelina Jolie joggt für die Traumfigur. Hm… nee, das ist schlecht, ich hab´s am Knie und mein Papa hat mir als Kind schon erklärt, dass frau vom schnellen Laufen einen Hängebusen bekommt. Das Risiko kann ich nicht eingehen, ehe ich mit meinen Brüsten was zum Hochzeiten gefunden habe.

Die Jennifer Aniston trinkt nur Zitronenwasser, essen tut die nix. Und sie hält sich mit Nordic Walking fit. Das wird sogar von der Krankenkasse bezahlt. Vermutlich deshalb, weil die Patienten schon mal das Gehen an Krücken üben.

Madonna, die ist ja noch echt fit für ihr Alter. Die fährt jeden Tag mehrere Stunden auf so ´nem

Trimm-dich-Rad. Würd ich ja auch gern, aber ich hab damals in der 4. Klasse leider den Fahrrad-Führerschein nicht bestanden.

Momentan ist doch Aerobic wieder total in. Damit haben sich in den 80ern alle Frauen fit gehalten. Ober-Aerobic-Guru war damals Jane Fonda. Habt ihr mal gesehen, wie die Jane Fonda HEUTE aussieht? Die ist von diesem ganzen Dehnen und Verbiegen total ausgeleiert. Sorry, aber wenn ausgiebiges Aerobic zu so einer Optik führt, dann lass ich das lieber.

Ich könnte auch ins Fitnessstudio gehen… Find ich allerdings frustrierend, 15 Kilometer auf einem Laufband zu rennen, ohne jemals bei McDonalds an zu kommen.

Also, das mit der Fitness kannste vergessen. Gerade läuft die Spülmaschine, sportlicher wird´s heute vermutlich nicht!
Vielleicht lasse ich mir das Fett einfach absaugen oder mit Ultraschall sprengen oder vereisen. Es gibt so viele ungefährlichere Methoden als Sport, sich dieser lästigen Pölsterchen zu entledigen. Vielleicht sind wir irgendwann so weit, dass man sich seine Figur mittels Gedankenkraft selbst zurecht denken kann. Ich bleibe dran – vielleicht ist ja DAS meine geheime Superkraft!

Viele Frauen überschminken ja mit ordentlich Make-up die harte Realität! Für mich ist das nix! Die 15 Minuten, die andere Damen mit dem Zuspachteln des von Gott gegebenen Antlitzes verbringen, schlafe ich lieber.

In der gerade laufenden BigBrother-Staffel (by the way: Ich brauchte ganze 26 Minuten, um festzustellen, dass gerade diese Pseudo-Gefängnis-Doku lief und nicht, wie ich fälschlicherweise annahm, ein Remake von „Planet der Affen") wurde den Teilnehmern für eine nicht bestandene Wochenaufgabe das Schminkzeug genommen. Die haben geheult, als ginge die Welt unter. Einer dieser Pappnasen hat sich ernsthaft die Hälfte seines Barts abrasieren lassen, um im Gegenzug seine Kosmetik zurück zu bekommen. Sehe da nur wieder ich den Denkfehler???

Einige jammerten den ganzen Tag, weil man ihnen das Deo weggenommen hat. Ich glaube nicht an Deo, ich glaube an die Dusche!

Und um morgens im Bad Zeit zu sparen, bin ich einfach schon schön!

Die diesjährigen Teilnehmer bei BigBrother sind durch die Bank alle tätowiert. Und ich meine nicht den kleinen Delfin am Schienbein oder das Blümchen, das das Schulterblatt schmückt.

Die sind komplett von oben bis unten mit bleibender Farbe zugestochen! Das erinnert mich ein bisschen an Michael Scofield in Prison Break – wer weiß, vielleicht verbirgt sich zwischen all den Haut-bildern ja auch ein Fluchtplan, um irgendwann aus dem BigBrother-Haus entkommen zu können.

Wenn man will, dass das Kaninchen springt, muss man mit der Möhre wackeln

Das Schicksal meint es gut mit mir!

Vor einiger Zeit war mir beim Arzt ein kleines Mädchen begegnet, von dem ich unglaublich fasziniert war, spiegelte sie doch alles Kindliche wider, das trotz fortgeschrittenen Alters noch immer in mir schlummerte und dummerweise stets zu den unpassendsten Gelegenheiten aus mir heraus platzte. Damals berichtete mir die kleine Göre von all ihren dubiosen Krankheiten und erzählte darüber hinaus auch von ihrem Leben in der Schule. Diese erste Begegnung fand, wie gesagt, im Wartezimmer eines Arztes statt, an sich kein Ort, an dem man Freundschaften schließt, zumindest nicht, wenn man noch weit unter dem Seniorenalter ist. Das erste Aufeinandertreffen mit diesem Mädchen hing mir noch lange nach, vermutlich, weil ich mehr in ihm sah – nämlich mich selbst.

Unsere zweite Begegnung fand an einem noch seltsameren Ort statt, an dem ich mit der Kleinen niemals nie nicht gerechnet hätte – in der Kirche.

Ich befand mich im Beerdigungsgottesdienst eines eher flüchtigen Bekannten, um ihn auf seinem letzten Weg zu begleiten. Ich kramte in meiner übergroßen Versace-Handtasche nach ein wenig Kleingeld, als ich plötzlich ein geflüstertes „Na, du auch hier?" neben mir vernahm.

Und da stand sie, die kleine krankheitsgeplagte Maus aus Doktors Wartezimmer. Während ich noch staunend ihre Messdienerkleidung bewunderte und den von ihr gereichten „Klingelbeutel" entgegennahm, plapperte sie schon wieder fröhlich drauf los:

„Junge, junge, hier ist aber heute was los!

Gehörst du auch zur Trauergesellschaft? Warst du mit dem Herrn Jonk verwandt? Ist ja ´ne ganz schön große Beerdigung. Dann kriege ich ja heute wieder ´ne Menge Trinkgeld in meinen Klingelbeutel.

Ich muss heute die Messe dienen. Den Nebenjob als Messdienerin hab´ ich, seit ich zur Kommunion gegangen bin. Das ist vielleicht ein tolles Fest! Ich hab voll viele Geschenke bekommen. Ein Fahrrad, viele Gutscheine – so für alles Mögliche – die kann man prima weiterverschenken und ein Harry Potter Buch.

Dann hab´ ich noch einen Fotoapparat bekommen. Den hab´ ich mir gewünscht. Ich hab´ ihn bei der Feier gleich mal ausprobiert. Tante Annemie hatte sich beim Kommunionsessen verschluckt. Das hab ich gleich mal geknipst. Ich glaub´ die Bilder mit dem Notarzt werden besonders schön.

Dann hab´ ich meine Cousine beim „Heimlich-Rauchen" erwischt. Für das Bild hab´ ich ihr 20 Euro abgeknöpft. Natürlich hab´ ich die Bilder noch auf meinem neuen Laptop gespeichert, falls ich noch mal knapp bei Kasse bin, lade ich die bei facebook hoch. Das macht man so als Papparazzo. Ich werde nämlich mal Papparazzo oder Mamarazzo, bin ja ein Mädchen.

Vor der Kommunion war es total aufregend. Weil meine Eltern ja jetzt fast geschieden sind, hab´ ich von Mama UND von Papa ein Kleid bekommen. Das Kleid von Papa wollte die Mama an Verena aus meiner Klasse verschenken, weil die sonst ´ne Kutte zur Feier anziehen muss. Aber ich hatte es schon Lisa versprochen. Die hat mir 200 Euro dafür gegeben.
Das Kleid, das ich von Mama bekommen hab´, hab´ ich erst nach der Feier weggegeben. Was soll ich denn noch mit dem Fetzen? Die erste Lage vom Kleid hab´ ich Oma Erna verkauft, die brauchte in der Küche neue Gardinen…
Oh, da kommt mein Klingelbeutel wieder, klingt, als hätte ich gut verdient."

Ich war vollkommen paralysiert! Sie ließ mich stehen, nahm mit einem breiten Grinsen den Klingelbeutel in Empfang und begab sich übertrieben andächtig zum Altar.

Auf der sich an den Gottesdienst anschließenden Trauerfeier mit Kaffee, Kuchen und dem Austausch von Erinnerungen an den guten, alten Herrn Jonk, traf ich die Kleine wieder. Als würden wir zueinander gehören, setzte sie sich wie selbstverständlich zu mir.

„Rück ma´!"

„Hätte nicht gedacht, dass du Spaß daran hast, die Messe zu dienen…", sagte ich lächelnd.

„Doch, das ist super! Wenn man Messdiener ist, bekommt man in Religion auf jeden Fall eine Zwei! Außerdem findet die Oma das toll und bezahlt mir gut, dass ich so ein braves Christkind bin!"

„Was ist denn mit deinen Eltern?", bohrte ich vorsichtig nach, vielleicht bestand ja doch noch die Möglichkeit, mein jüngeres Ich per Adoption zu mir zu nehmen.
„Du hattest eben in der Kirche was von Scheidung erzählt…".

„Ach das, ja, ich bin froh, wenn es endlich so weit ist! Ich bin voll der Außenseiter in der 3b, weil meine Eltern immer noch verheiratet sind, das ist total untrendy.

Wenigstens konnte ich gestern im Morgenkreis von Papas neuer Tussi erzählen – der lässt nämlich seine dreckigen Unterhosen jetzt woanders waschen.

Meine Klassenkameraden haben ganz schön groß geguckt. Aber mein Ansehen steigt erst, wenn Mama auch ´en Neuen hat! Klar, lieb habe ich sie beide, aber getrennt bringen sie mir einfach mehr. Jedenfalls muss ich mich jetzt voll anstrengen in der Schule, nicht dass Mama und Papa sich das Ganze wegen meinen schlechten Noten noch mal überlegen. Obwohl… wegen den Noten muss ich mir eigentlich keine Sorgen machen. Meine Lehrerin hat im Moment so Mitleid mit mir wegen der Ehekrise… da wird aus einer Vier schon mal schnell eine Zwei.", ließ sie mich wissen und während sie ein großes Stück Marmorkuchen in sich hinein stopfte, verging mir allmählich der Appetit.

„Ich höre total gerne zu, wenn meine Eltern sich streiten! Ich hab´ beim Lauschen ´en paar coole Wörter gelernt, damit bin ich in der Pause der Star! Die neue Tussi vom Papa bringt mir manchmal kleine Geschenke mit, dafür erzähle ich ihr dann, was zu Hause so läuft. Für die tolle Esprit-Uhr hier hab´ ich ihr erzählen müssen, dass die Mama jetzt am Telefon oft ganz schwer atmet, wenn sie mit fremden Männern telefoniert, weil der Papa ja die Aldiletten nicht bezahlt."

„Die Aldiletten?", hakte ich verwirrt nach.

„Ja, wenn ein Mann seine Familie verlässt, muss er doch Aldiletten bezahlen.
Soweit wär´ ja auch alles super, wenn mir Deborah aus meiner Klasse nicht immer einen Schritt voraus wäre…
Die hat schon zwei Halbgeschwister und ganz viele Stiefbrüder. Und weil der ihre Eltern so ein schlechtes Gewissen haben, braucht die nur mal „Piep" zu sagen und schon kriegt die, was sie will. Die hat ´ne schissneue X-Box bekommen für ihr letztes Brüderchen. Das will ich auch!
Ich meine, was soll denn aus mir mal werden, wenn meine Eltern eine glückliche Ehe führen? Dann lerne ich ja nie, wie man Einen gegen den Anderen ausspielt und Leute bescheißt. Und das ist doch das A und U für so ´ne Führungsposition.
Was hab´ ich denn davon, wenn ich mit Liebe überschüttet werde und alles Friede-Freude-Eierkuchen ist?! Ich brauche Sachen, die ich auf dem Schulhof zu guten Preisen verscheuern kann. Ich brauche Statussymbole."

„Aber ist es denn nicht wichtiger, eine heile Familie zu haben, die einen in schwierigen Zeiten auffängt? Wer braucht denn schon Statussymbole?"

„Ach nee, das sagt die Richtige! Versace-Tasche, Joop-Bluse, Chanel-Hose und Manolo Blahnik-Schuhe, D&G-Uhr…".

Ups, erwischt… Aber noch bevor ich auch nur im Ansatz darüber nachdenken konnte, ob wir Erwachsene vielleicht am Konsumdenken unserer Kinder Schuld tragen könnten und der Begriff der Labelhure tatsächlich auch auf mich zutrifft, gewährte mir das kleine „Christkind" weitere Einblicke in seinen Alltag.

„Der Henning aus der 3a hat das ganz toll geplant: Der ist einfach mal kurz von Zuhause abgehauen und seitdem hat der ALLES gekriegt! Aber mit so ´ner Aktion musst du vorsichtig sein, nicht dass deine Eltern sich wegen dem Kummer über dein Verschwinden plötzlich wieder vertragen. Du darfst nur so lange weg sein, wie die sich gegenseitig Vorwürfe machen und musst wieder auftauchen, bevor die den Kuschelkurs starten.
Mein Plan dauert zwar länger, ist aber dafür auch besser als dem Henning seiner, weil die Voraussetzungen anders sind, verstehste?"

„Äh… nee, nicht so ganz…"

„Also, das Problem ist, dass meine Eltern, nicht so wie die Eltern von meinen Klassenkameraden, aus steuerlichen Gründen geheiratet haben. Die haben sich mal echt geliebt! Abgefahren, oder?"

„Ja, voll abgefahren…".

„Da kannste mal sehen, wie altmodisch meine Eltern sind. Die haben echt geglaubt, dass man auf Liebe ´ne Ehe aufbauen kann… tse…
Deswegen hab´ ich auch meine Zahnspange an Hannah aus der 4c verkauft. Von dem Geld hab´ ich Lippenstift und Parfüm besorgt und das habe ich dem Papa dann großzügig ans Hemd geschmiert. Da war rum mit Liebe!
Die Mama hat überhaupt nicht mit sich reden lassen und je eifersüchtiger sie war, umso mehr hat der Papa sich nach anderen Frauen umgesehen. Bis er dann eine gefunden hatte, die so ist, wie die Mama mal war."

Jetzt sind wir zu alt, um früh zu sterben - also, zieh´n wir´s durch!

Leugnen.
Wut.
Verhandeln.
Depression.
Akzeptanz.
Die 5 Phasen des Aufstehens...

Ich hatte mal wieder einen harten Wochenend-Triathlon hinter mich gebracht – Tanzen, feiern, saufen. So müde wie heute, war ich seit gestern nicht mehr... Die Tatsache, dass der Mensch zwei Nieren, aber nur eine Leber besitzt, zeigt doch schon, dass der liebe Gott keine Ahnung vom Feiern hat. Natürlich bleibt dabei immer das ungute Gefühl, genau die Gehirnzellen zu versaufen, unter der die heimische Adresse abgespeichert ist.

Was das ausgiebige Partyleben anbelangt, hatte meine Jugend nie aufgehört! Wenn ich bis 72 arbeiten muss, kann ich auch bis 50 Teenie bleiben! Würde die Queen mich zum Ritter schlagen, wäre mein neuer Name wohl Lady Drinkalot oder auch Hoppla-Woman – denn am heutigen Montagmorgen bin ich beim ausgiebigen Gähnen unter der

Dusche fast ertrunken. Das sind so Tage an denen ich mich frage, ob ich nur neben der Spur bin oder schon im Gegenverkehr!?

Irgendwie ist mein Alkoholkonsum auch so eine Art Diät. Bis auf die Tatsache, dass man statt drei Kilo eher drei Tage verliert…

So gerne ich mich auch flüssig ernähre, so verwundert bin ich doch über die, die jede ihrer Mahlzeiten durch sogenannte Diätshakes ersetzen und das auch noch als Essen bezeichnen. Leute, Essen ist, wenn die Zähne mit im Spiel sind und der Darm so lange ordentlich zu tun hat, bis das Schließmuskelkontrolllämpchen blinkt, um Tumulte in südlichen Gefilden zu melden. Alles andere ist Trinken!

Bestandsaufnahme:
Ich bin jetzt 42, in D-Mark sogar schon 84.
Ich benutze jetzt Creme für reife Haut.
Die Wechseljahre haben begonnen.
Noch 69 Jahre bis zu meinem Wunsch-Liefertermin ins Jenseits.
Wie soll ich diese Zeit nur sinnvoll nutzen?

Am besten lässt sich die Zeit doch immer noch mit fernsehen totschlagen.
Oh, wie schön – Werbefernsehen!

„Guten Abend, schön, dass Sie so zahlreich zu meiner kleinen Produktvorführung gekommen sind. Heute möchte ich Ihnen einen kleinen Einblick geben in die breite Palette an Produkten aus unserem Bereich: Das interaktive Badezimmer.

Beginnen möchte ich gleich mit der sehr hochwertig gearbeiteten Haarbürste, Modell „Gefällt mir", die sich nicht nur formschön jeder Hand anpasst, sondern darüber hinaus auch noch über die technische Raffinesse verfügt, gespaltene Haarspitzen zu erkennen und sie in einem Abwasch mit vereinzelt grauen Haaren beim Bürsten zu eliminieren. Per Internetverbindung kann die „Gefällt mir-Bürste" so Bilder Ihrer frisch gestylten Haare noch während des Kämmens bei Instagram oder facebook posten und Ihre Freunde können jederzeit den Status Ihrer Frisur kommentieren.

Ein absolutes Must-have im interaktiven Bad ist auch unsere Spezial-Toilette „Urinstinkt", die sofort per Funkverbindung nach WLan-Vorbild Stehpinkler an die örtliche Polizei meldet und den Verdächtigen durch blitzschnelles Runterklappen der Klobrille am Tatort dingfest macht – im wahrsten Sinne des Wortes. Wie auch bei der Haarbürste können Sie auch hier frei entscheiden, ob sie die entstehenden Bilder lieber als Fotos oder als Videos twittern wollen.

Diese Produkte sind nur eine kleine Auswahl an unbegrenzten Möglichkeiten. Stellen Sie sich bitte das komplette Badezimmer der Zukunft interaktiv vor. Zahnbürsten, die von selbst die letzten noch putzenswerten Zähne finden, und über das Internet nicht nur ein Röntgenbild zum behandelnden Dentisten schicken, sondern sofort auch die günstigsten Zahnlabore in der Türkei für den Zahnersatz auflisten und bei Bedarf per Mail zuschicken.

Ein Renner sind unsere sprechenden Waagen für Figurbewusste, wahlweise Modell „Bulemia", welches das Gewicht bis 12 Stellen hinter dem Komma anzeigt und jeden noch so kleinen Gewichtsverlust mit frenetischem Applaus würdigt. Oder Sie entscheiden sich für das Modell „Beth Ditto", das dem Benutzer durch ächzendes Stöhnen zu verstehen gibt, dass er eine Diät dringend nötig hätte.

Wir haben auch ganz wunderbare Deos im Angebot. Hier beispielsweise das Modell „Axel" das den Schweißgestank des Anwenders sensorisch erfasst, und dazu passend Duftkompositionen und die nötige Menge kreiert.

Ist der Geruchsspeicher voll, empfiehlt das Gerät dem Anwender von sich aus, zu Duschen oder zu Baden. Ist das nicht faszinierend?

Zum Abschluss noch unser absolutes Programm-Highlight, diese Woche übrigens zum super Schnäppchenangebot. Unser Spiegel „Schneewittchen" mit 42 Zoll Diagonale, zeigt programmgesteuert genau das an, was man sehen möchte, und nicht wie ein normaler Spiegel die brutale Wahrheit. Für Männer gibt es wahlweise noch das Schneewittchen-Upgrade, das Meldung macht, wenn die Schwiegermutter unterwegs ist."

Nachdem ich sämtliche Produkte per Telefon käuflich erworben hatte, schaltete ich auf den nächsten Werbesender – oh, wie fein, wo kann ich das bestellen???

„Herzlich Willkommen zu unserer beliebten Home-Shopping-Sendung. Die heutige Ausgabe ist all denen gewidmet, die schon immer medizinische Ambitionen hatten, aber diese Laufbahn nie eingeschlagen konnten, weil es für den Schulabschluss einfach nicht gereicht hat.

Wir möchten Ihnen heute ein Set vorstellen, um kleinere Operationen zukünftig zu Hause durchführen zu können. Zudem ist das Set besonders geeignet zur Durchführung von Nasenkorrekturen und Fettabsaugungen.
Und wer einen Nagel in die Wand hauen kann, für den dürfte es auch kein Problem sein, mit diesen Utensilien einen sauberen Kaiserschnitt durchzuführen.

Mein Vorschlag an alle Do-it-yourself-Männer und –Frauen: Machen Sie den interessanten Beruf des Chirurgen zu Ihrem Hobby, denn er verspricht kurzweilige Stunden im trauten Heim, spart horrende Arztkosten und bringt Ihnen viel Anerkennung im Bekanntenkreis.

Medizinische Kenntnisse sind nicht vonnöten, aber selbstverständlich setze ich bei Ihnen Freude am gestaltenden Arbeiten voraus. Außerdem sollten Sie Fan sämtlicher Arztserien sein. Schauen Sie den praktizierenden Fachleuten wie Doktor Derek Shepard und Co genau auf die Finger. Bei Ihrer späteren Arbeit werden Ihnen diese lehrreichen Sendungen zu Gute kommen.

Wichtig ist die Wahl des richtigen Arbeitsraumes für Ihren Heim-OP. Am besten begeben Sie sich in Bad oder Küche, denn diese Räume lassen sich am besten reinigen, sollte mal ein kleines Missgeschick passieren oder der Eingriff etwas blutiger als geplant verlaufen.
Im Set enthalten sind alle Dinge, die Sie für einen gelungenen Eingriff benötigen. Und das 5-seitige Handbuch wird Ihnen bei allen handelsüblichen OPs behilflich sein. Falls Sie im Operieren noch nicht so geübt sind, kann der Eingriff schnell in eine Autopsie übergehen. Informationen zum professionellen Sezieren erhalten Sie online auf unserer Homepage.

Ansonsten benötigen Sie unbedingt Domestos zur Desinfektion, verschiedene Nadeln und starkes Nähgarn, eine haushaltsübliche Schere, wenn Sie eine besonders kreative Ader haben, auch eine Zick-Zack-Schere und – für missglückte Erstlingswerke – einen guten Anwalt.

Und hier haben wir auch schon unsere verschiedenen Schablonen zur Gestaltung der Wundränder. Exklusiv für die ersten 200 Anrufer erhalten Sie die filigranen Nähte im Stil von Nürburgring oder Phantasialand kostenfrei dazu.

Bevor wir voll einsteigen, sollten Sie sich unbedingt noch einige Fachausdrücke aneignen, die sind für die eigentliche Arbeit zwar unerheblich, steigern aber Ihr Image. Vermeiden sollten Sie Aussagen wie „Stopp doch mal das Ding da drin. Das ständige Bumm-Bumm macht mich total nervös."

Zu Beginn des Eingriffs wird das Arbeitsgebiet markiert. Dazu malt man mit einem Lippenstift, der farblich zum Teint der Patientenhaut passen sollte, einen Kreis um die zu bearbeitende Fläche.

So, nun gilt es beherzt und spontan den Korpus zu öffnen und sich durch die unübersehbare Masse verschiedenen Gewebes zu graben. Entfernen Sie mit der Beißzange großflächig alles, was Ihrer Meinung nach raus kann.

Halten Sie die Bauchdecke mit einigen Wäscheklammern offen. Haben Sie alles Unnötige aus dem Körper entfernt, nähen Sie die offene Stelle zu und achten Sie bitte darauf, dass Sie im Inneren des

Patienten nichts vergessen haben – denn gutes Werkzeug ist teuer.

Sollte der Patient nach 48 Stunden noch nicht aus der Narkose erwacht sein, rufen Sie Ihren Anwalt an. Der wird den Rest für Sie regeln."

Kopfschütteln für Fortgeschrittene

Eigentlich ist es mir ja wurscht, wie andere leben, welche Vorlieben sie haben und welche Einstellungen sie vertreten – Leben und leben lassen ist hier die Devise.

Aber bei einer Sache kann ich nicht anders, als sie mit strengem Blick zu verurteilen. Es gibt tatsächlich Menschen, die Musik nicht zu schätzen wissen, die die Schönheit von Tönen, gepaart mit passenden Worten anscheinend nicht hören können. Ja, sind die denn alle taub??? Nein, das ist es natürlich nicht. Hören können diese Leute schon, aber nicht fühlen. Musik ist nämlich nichts, was man über die Ohren wahrnimmt, sondern das, was Herz und Seele dabei empfinden.

Daher sind mir Menschen suspekt, die Musik nur nebenbei - nur mit den Ohren - hören. Über die Jahre konnte ich sogar immer wieder Parallelen zwischen Musik-nicht-würdigen-können und Herzlosigkeit feststellen. Wer beim Song „Listen" von Beyonce oder „I´m okay" von Christina Aguilera nicht in Tränen ausbricht, weil er den Schmerz, der über Musik und Text vermittelt wird, nicht fühlen kann, der ist auch nicht in der Lage, in irgendeiner Weise Empathie zu empfinden.

Wer beim Lied „Jump" von Van Halen nicht den

unbändigen Drang verspürt, in die Luft zu hüpfen oder zu „Walking on sunshine" von Katrina and the waves spontan von der Couch aufzuspringen, um zu tanzen und dabei das Gefühl ein- und auszuatmen, dass das Leben trotz aller Widrigkeiten so verdammt wunderbar ist, der scheint mir emotional eingeschränkt zu sein.

Ich empfinde, jetzt mal so unter uns, sogar im wahrsten Sinne des Wortes körperliche Qualen, wenn jemand, in dessen Auto ich nur begleitend anwesend bin, also nicht die Macht über Radio und CD-Player habe, kleine Meisterwerke der Musikgeschichte einfach abstellt oder noch schlimmer, so leise stellt, dass man kaum noch erahnen kann, welches Lied gerade gespielt wird. Das, was ich in dem Moment empfinde, wenn der Fahrer Songs von Simon & Garfunkel oder Chicago beispielsweise, einfach abwürgt, kann ich gar nicht in Worte fassen! Ich habe Schmerzen, mein Magen krümmt sich, mein ganzer Körper ist angespannt und ich möchte nur noch schreien: Stell das endlich lauter, du herzloser Trampel!

Mal davon abgesehen, dass ein solches Verhalten mit einer lebenslangen Sicherheitsverwahrung in Guantanamo Bay bestraft werden sollte, müssten die Konsequenzen auf eine solche Zuwiderhandlung auch unmittelbar nach dem Fehlverhalten geahndet werden.

Wenn ich technisch begabter wäre, würde ich etwas erfinden, was diese Menschen mehr oder weniger dezent auf ihr Fehlverhalten hinweist. Mir schwebt vor, dass aus dem Schlitz, in den man CD´s ins Autoradio einschiebt, blitzschnell scharfe Skalpelle herausspringen, die dem Übeltäter den Zeigefinger absäbeln, sobald er versucht, wunderbare Musik in irgendeiner Form zu unterbrechen. Hat der Kulturbanause auch nach einem zehnfachen Fingerverlust noch immer nichts gelernt, schnellt beim nächsten Versuch, den Lautstärkeregler zu bedienen, ein Seil aus der Kopfstütze des Sitzes und würgt den Täter bis zur Ohnmacht.

Ich verstehe nicht, was in diesen Menschen vorgeht! Ich selbst bleibe oft noch im bereits geparkten Auto sitzen, um das Lied, das gerade läuft zuende hören zu können. Ich hätte ein schlechtes Gewissen, täte ich es nicht.
Ich kann auch in der Öffentlichkeit nicht aus meiner musikalischen Haut. Läuft beim Einkaufen ein tolles Lied im Supermarktradio, dann singe oder tanze ich dazu. Ich habe es auch schon geschafft, in der Damenhygieneabteilung vom Rewe mit geschlossenen Augen – dann kann ich besser hören – ans Regal mit den Tampons gelehnt, Philipp Poisels „Ich will nur" zu lauschen. Dann bleibt die Welt einen Moment stehen. Eine wunderschöne hörbare Auszeit vom viel zu hektischen Alltag.

So gerne ich auch mit meiner Kabarettkollegin zu Auftritten fahre, so furchtbar ist doch die Autofahrt. Nicht nur, dass selten Musik läuft oder eben so leise, dass man sie nicht hören/fühlen kann. Viel schlimmer ist noch der Gedanke daran, wie viel Zeit sinnlos verstreicht. Zähfließender Verkehr, Staus, Umleitungen... Leute, bis zu meinem 111. gibt's noch viel zu erledigen!

Rückblickend muss ich aber immer wieder feststellen, dass wir auch wirklich viel Kurioses und Lustiges erleben, was einem lange im Gedächtnis bleibt. Auf einer langen Fahrt, zum Beispiel vor einigen Jahren in den Osten Deutschlands, muss frau ja öfter mal pausieren, was angesichts der Tatsache, dass sich die verhassten Gusticus-Rastplätze wie die Karnickel vermehren, nicht ganz einfach ist. Mehrmals steuerten wir Autohöfe an, um uns dann gleich auf dem Absatz... äh... Hinterrad wieder zu drehen - mit dem festen Willen, eine nicht-Gusticus-besetzte Tanke zu finden.
Idealerweise auch eine ohne so einen Sanifair-Automat, der erst die Schranke zum stillen Örtchen öffnet, wenn man 70 Cent berappt hat.

Wie groß war da die Freude, als wir den Autohof Lehrte erreichten, garantiert gusticusfrei!

Und die Speisekarte sah auch vielversprechend aus! Aus der langen Liste wählten wir zweimal die Lasagne und einmal die Calamaris aus.

Dummerweise gab es keine Lasagne und was Calamaris genau ist, mussten die beiden "Köche" hinter der Ladentheke erstmal ausdiskutieren.

Okay, dann eben dreimal Spaghetti Bolognese... ein typisch deutsches Gericht, das eigentlich jedem, der mehr als vier Milchzähne besitzt, bekannt sein müsste. Und ja, dieses Gericht gab es tatsächlich und ließ sich auch im Tiefkühlfach finden.

Nachdem wir artig unser Geschirr und die 9 Messer (es dauerte etwas, bis wir drei saubere finden konnten... Fingerfood wäre da die Lösung gewesen...) weggeräumt hatten, ging es weiter Richtung Bismark, wo wir vor der Belegschaft eines Altenheims auftreten sollten.

Auf die Frage nach dem Hotel, erhielten wir die Auskunft, dass das Doppelzimmer für meine Kollegin und unsere Technikerin gebucht sei - ein Einzelzimmer für mich war nicht aufzutreiben gewesen, aber man bot mir an, im Altenheim zu nächtigen.

Gut, ich gebe ja zu, dass ich, was mein wahres Alter betrifft, gerne mal ein wenig "notlüge" und mir nach unten hin alles offen halte, aber sooo alt, um in einem Altenheim Unterschlupf zu finden, bin ich dann doch noch nicht...

Also, nochmals alle Hebel in Bewegung gesetzt und ein anderes Hotel gesucht, in dem ALLE Weibsbilder Platz finden konnten.

Nach einem gelungenen Auftritt, einer kalten Nacht im Hotelzimmer, bei dem man als besonderes Special den Teppich erst noch selbst fertig verlegen musste, ging´s dann weiter Richtung Nordhausen. Hotelmäßig bestanden wir darauf, wieder in den Rolandstuben untergebracht zu werden, denn aus Erfahrung wussten wir, dass es dort auf dem kompletten Zimmerboden Teppich gibt.

Um die Zeit bis zum Auftritt sinnvoll zu füllen, beschlossen wir, uns neu einzukleiden. In einer kleinen "Butick" wurden wir (erstmals) fündig. Die Verkäuferin war wohl ein bisschen... nennen wir es "enttäuscht", dass wir weder am Gewinnspiel für ein Fahrrad teilnehmen wollten, noch sämtliche Angaben zu genauer Adresse, Geburtsdatum etc. beim Bezahlen mit der Kreditkarte angeben wollten. Vermutlich war die Dame so "enttäuscht", dass sie deshalb "vergaß", die Farbsicherung an den Klamotten zu lösen.
Egal, weiter ging´s - wir waren gerade so schön im Kaufrausch und wollten unbedingt die Wirtschaft ankurbeln. Schwer bepackt stellten wir fest, dass der neue Tourbus gegen ein größeres Modell ausgetauscht werden müsste, um einer solchen Shoppingtour gewachsen zu sein.
Der Auftritt in Nordhausen war wieder einmal klasse!

Schon früh am nächsten Tag verließen wir Nordhausen wieder, um uns auf den Weg nach Horn-Bad Meinberg zu machen, wo wir zunächst die örtliche Sauna besuchten.

Dort lernten wir viel über die lustige Welt der Geräusche!

Während ich absolut regungslos in einer der Liegen im Ruheraum Platz genommen hatte, hörte ich erst, wie meine Kollegin versuchte, sich ein paar Meter weiter häuslich einzurichten. Ich musste dazu nicht einmal die Augen öffnen, ich erkenne meine bessere Hälfte nämlich schon am Geräusch, das ihre nackten, noch nassen Füßchen in den Gummi-Sauna-Schlappen machen.

Dann begann sie mit dem Tischchen-Rücken (hier nicht im esoterischen Sinne, sondern im dekorativen), mit einem unleisen quietsch-platsch-ruckel-ruckel landete sie auf der Liege, es folgte das Blättern im aktuellen Bestseller-Buch und kurz darauf wachte sie peinlich berührt von ihrem eigenen bezaubernden Schnarchen auf "Huch, war ich das etwa?".

Aber auch andere Menschen machen Geräusche! Zum Beispiel der Mann im gestreiften Bademantel - wohl Musiker von Beruf - der mit der kompletten Palette an Schnarchgeräuschen zu unterhalten wusste. Vom zarten gu-guu, über ein baritones kchchchch, bis hin zum Standard-Fliegenfänger-

Schnarchen hatte er jede nur denkbare Schlafge-
räuschart drauf! Hut ab!

Ein weiterer heißer Anwärter auf den Thron des
Geräusch-Supertalents betrat den Raum! Er begeis-
terte alle Anwesenden mit einem minutenlangen
Blättern in einer Zeitschrift. Auch nicht schlecht!

Aber einer konnte im wahrsten Sinne des Wortes
den Vogel abschießen, als er über selbigen versuchte, mit meiner Kollegin in Kontakt zu treten. "Gu-
cken Sie mal da, ein Vogel", hörte ich den Mann
begeistert rufen. Meine Kollegin, nicht mal ansatz-
weise bemüht, dem ausgestreckten Finger des
Mannes mit den Augen zu folgen: "Ich seh nix!" -
Gespräch beendet!

Jeder Aufguss geht einmal zu Ende und so machten wir uns auf den Weg zum Kurhaus, das sehr
schön inmitten einer tollen Parkanlage gelegen ist.
Kurgäste spazieren die wundervoll angelegten We-
ge entlang, Vögel singen, Ruhe und Entspannung
liegen in der Luft, bis... ja, bis die Weibsbilder die
lästigen Einbahnstraßen und Durchfahrt-verboten-
Schilder leid sind und mitten durch den Kurpark
fahren, um den Eingang zu erreichen.
Im Gegensatz zum Veranstalter in Bismark, der uns
mit Leckereien und Regenschirmen dankte und der
Gleichstellungsbeauftragten in Nordhausen, die
zum Finale Schnaps und putzige Gartenzwerge

springen ließ, gab es in Bad Meinberg nicht einmal Getränke...

Nach einem ausgiebigen Frühstück machten wir uns auf den Weg nach Neuffen, wo wir an drei aufeinander folgenden Tagen bei einem Kabarett-Dinner zu Gast sein sollten.
Beinahe wäre die Tour da schon beendet gewesen, weil ich im 16-Kilometer-Stau beim Stoßstangen-Kuscheln fast an einer CO_2-Vergiftung dahin geschieden wäre - ich muss wohl dringend nochmal zu Abgassonderuntersuchung.
Angekommen in Neuffen checkten wir erstmal im Hotel Garni ein - dann der Schock! Obwohl jedes Zimmer über einen Balkon verfügte, durfte nur VOR der Tür geraucht werden (jetzt weiß ich auch, warum das Hotel GARNI heißt - weil da GAR NIE geraucht wird *heul*).

Überhaupt kam mir beim Einchecken und beim Kennenlernen des Hotelchefs das Lied "Hotel California" in den Sinn... „you can check out any time you like, but you can never leave..."

Nach dem Auspacken ging´s dann zur Burg Hohenneuffen, die Aussicht auf das bevorstehende 4-Gänge-Menu trieb uns an.
Ich weiß ja, dass ich selten weiß, was ich eigentlich will, aber dafür weiß ich wenigstens, was ich auf keinen Fall will - dazu gehören Dinge wie von Hil-

58

lesheim wegziehen oder Falten bekommen...

Neu hinzugekommen ist, dass ich nie-niemals-nicht Ritter werden will! Da wohnt man abgelegen, muss immer bergauf laufen (es sei denn, es geht bergrunter), hat keine Nachbarn, die Pakete entgegennehmen, wenn man im Kampf ist, die Ritterrüstungen sind nicht besonders bequem und die Zufahrtswege zur Burg sind viel zu schmal, als dass man da mit einem Bus hindurch käme...

Das Essen war sehr exquisit und bei den meisten Dingen auf dem Teller wussten wir nicht mal, wie sie heißen... Leider bekamen wir an keinem der drei Tage den "Gruß aus der Küche"... Naja, was soll´s, jetzt bin ich wieder zu Hause, da gibt´s "Aufgekehrtes aus der Küche".

Meine Kollegin wusste all die französisch-benannten Köstlichkeiten zwar zu schätzen, aber dennoch bot sich bei jedem Gang das gleiche Bild:

Kellner (sorry... Garcon): „Jetzt servieren wir das Amuse gueule"
Meine Kollegin: „Kann ich da Brot zu haben?"

Garcon: „Als nächstes servieren wir Poulardenbrust marengo"
Meine Kollegin: „Kann ich da Brot zu haben?"

Garcon: „Zum Abschluss nun die Creme Brulee"
Meine Kollegin: „Kann ich da Brot zu haben?"

Nach drei leckeren 4-Gänge-Menus in drei Tagen, vielen Zigaretten im Kalten, gewellter Salami zum Frühstück, zweimal Sauna und Massagen ging´s dann weiter nach Blaubeuren mit einem Zwischenstopp in Metzingen.

Für meine Kollegin und mich als bekennende Extrem-Shopper ein Paradies mit unendlich vielen Outlet-Stores!
Empfehlenswert ist diese Einkaufsmeile jedoch nicht! Mich erinnerte das Einkaufsspektakel eher an New York City: gefühlte drei Millionen Menschen schubsten Einkaufswagen durch Lagerhallen, man hörte schreiende Kinder und die total überlaufenen Restaurants erweiterten ihre Tischanzahl, indem sie sogar im Toilettenflur Pizza servierten - Nix wie weg!

Hat das Blümchen einen Knick, war das Bienchen wohl zu dick

Nach langem Hin und Her entschied ich mich aus dem Riesenangebot an Sportarten für Zumba, um mich endlich fit zu machen – für was auch immer. Auf einer Fitnessskala wäre ich wohl bei minus fünf…

Ich zog mir meine Sportklamotten an, die ich eigens für dieses Event käuflich erworben hatte. Puh, das war anstrengend, erstmal hinsetzen.

Ich war gespannt auf die erste Stunde, hatte ich doch bisher keinerlei Erfahrung damit.

„Huhu, willst du was gegen deine Cellulite tun? Wird auch langsam Zeit!", hörte ich neben mir jemanden sagen. Ich drehte den Kopf und traute – mal wieder – meinen Augen nicht. Da war sie wieder, die kleine Tineke.

„Was machst du denn hier?", fragte ich keuchend und sah im gegenüber an der Wand angebrachten Spiegel, dass meine Bewegungen denen eines Schlittenhundes beim Rückenschwimmen glichen.

„Na, ich halt mich fit! Damit kann man gar nicht früh genug anfangen!"

„Ja, da hast du wohl recht…", erwiderte ich, während sich meine Raucherlunge so langsam verabschiedete.

„Ich werd´ ja jetzt bald Promikind."

„Tatsächlich…?"

„Ja! Wenn die Angelina Jolie und der ihr Brad mich erstmal aptoptiert hat, geht es mit meiner Karriere steil bergauf. Mein Plan steht! Heute noch Hugo, morgen schon Boss!
Um Promikind zu werden, muss ich mir erstmal ´en cooleren Namen zulegen.
Viele Promis nennen ihre Kinder ja nach bekannten Städten, so wie dem Verona Pooth sein San Diego…"

Sie überlegte.

„Ich könnte mich vielleicht Oer-Erckenschwick nennen, Doppelnamen sind ja eh total angesagt. Wenn du heutzutage keinen Doppelnamen hast, dann wird auch nix aus dir. Wie heißt du eigentlich?"

„Anke", antwortete ich mit letzter Kraft und war froh, meinen Namen vor lauter Anstrengung nicht vergessen zu haben. Nach diesen wenigen Minuten Zumba befand ich mich auf einer Skala von „hellwach" bis „müde" etwa bei „Koma".

„Siehste!?"

„Was?", fragte ich leicht verwirrt.

„Du hast keinen Doppelnamen, deshalb biste auch nur Lehrerin geworden."
Was für ein Tiefschlag!

„Da kannste ja aber nix für", fuhr sie fort. „Das sind ja deine Eltern schuld! Die haben dir mit deinem Namen gleich nach der Geburt das Leben versaut."

Die Kleine wirkte auch nach 10 Minuten intensiven Zumba-Gehüpfes noch immer taufrisch. Liegt vielleicht am Alter... Ich überlegte kurz, ob man die Energie, die Kinder noch haben, nicht irgendwie zur Stromgewinnung nutzen könnte, da unterbrach sie meine Gedanken.

„Was verdient denn so 'ne Lehrerin im Monat?", wollte sie wissen.

„Genug für zwei Wochen...", gab ich ihr zur Antwort. Nach ein paar Minuten der Stille griff sie das Thema wieder auf.

„Manche Kinder heißen auch wie Lebensmittel", erklärte sie zum Rhythmus hoppelnd weiter.

„Zum Beispiel die Tochter von der Gwyneth Paltrow, die heißt Apple…

Vielleicht nenn ich mich Nutella.

Das neue Kind von David Beckham heißt Seven, so wie die Zahl… ich könnte also theoretisch auch 38 heißen… oder 3,141592627… oder kurz Pi."

„Pi ist aber gar kein Doppelname!", gab ich triumphierend zurück.

„Na, dann muss ich halt einen draus machen!", fuhr sie unbeeindruckt fort.

„Das wäre dann Pi-Pi!", erwiderte ich mit einem Gefühl der Überlegenheit.

„Uh, nee… dann heiße ich ja noch lieber Anke…"
Und schon verwies sie mich wieder in die Schranken.

„Wenn ich dann größer bin, werde ich Germanys Next Topmodell. Ich tu auch schon alles dafür, um mich jung zu halten. Findste nicht auch, dass ich aussehe wie 8? Ich bin aber schon 9!

Siehste, meine Schönheitstipps wirken schon. Ich halte ja streng Diät, der Babyspeck muss endlich weg! So 20, 30 Kilo weniger ständen mir nicht schlecht.

Ich mache ja grade ´ne Kombination aus Hollywood-Star-Diät, Trennkost und Low-Fat-Methode.

Hab ich aus der Vogue. Kennste die Vogue?"

„Logo! Hab´ ich ein Abo für!"

„Na, wenn du die Zeitung regelmäßig liest, wieso biste dann so speckig?

„Ich bin doch nicht speckig!", wollte ich gerade protestieren, da unterbrach sie mich schon wieder.

„Doch, biste!" Die Kleine gab mir indirekt zu verstehen, dass ich auf der Zeitachse der Schönheit wohl eine Amöbe war.

„Du scheinst da echt ein Diät-Anfänger zu sein. Steig´ da vielleicht erstmal langsam ein. Mach´ doch ´ne Kohlsuppendiät! Die ist voll effektiv! Und dann kann auch jeder hören und riechen, dass du Diät machst!" Vor Lachen konnte ich mich kaum noch halten.

„Wichtig ist beim Essen", erläuterte sie weiter „dass du jeden Bissen mindestens 30 mal kaust. Geht mit meinen wackeligen Milchzähnen auch gar nicht anders. Und bei dir… mit den Dritten… das dürfte klappen.
Ich esse ja auch nur Lebensmittel mit satten Fettsäuren und den Alkohol lass ich ganz weg!"

„Das ist vernünftig in Anbetracht deines Alters!",

lobte ich, während sie schon beim nächsten Geheimtipp angekommen war.

„Ganz wichtig ist ja, dass zwischen den Mahlzeiten immer mindestens 8 Stunden liegen. Das ist wie beim Auto. Wenn du da einen Ölwechsel machst, muss das alte Öl ja erst raus, bevor du das neue reintust, stimmt´s?!"

„Stimmt!"

„Und so ist das beim Essen auch! Erst muss das alte Essen raus, sonst kann das neue nicht nachrutschen. Bei manchen sieht man das auch." Sie deutete mit dem Kopf in Richtung der vor uns turnenden Frau, die mittig einige Pfunde zu viel hatte.

„Wenn ich dann Mitte 20 bin, dann ist ja rum mit Modeln. Dann beginnt ja der körperliche Verfall. Kennste ja aus eigener Erfahrung. Dann wird es Zeit, dass ich mir einen reichen Mann angel. So ´en richtig alten Sack. Wenn der dann tot ist, bin ich Busenwitwe und dann gilt es, sich verschönern zu lassen – mit dem Geld vom alten Sack.
Dann lass ich mir ein paar Rippchen entfernen, ein bisschen was am Knochen raspeln, die Lidfalten falten, die Zehen verlängern, ´ne Ohrenschmalzabsaugung, ´ne Beinverlängerung und zum Abschluss ´ne Hohlraumversiegelung, damit alles schön glänzt. Dann bin ich wie neu und kann noch ein

paar Mal heiraten.

Dann aber nicht mehr so ´en alten Sack. Der erste war ja nur Sprungbrett für in die High Society. Dann heirate ich richtig! Dass man das auf dem Kontoauszug auch sehen kann.

Da heirate ich vielleicht bei Königs ein… Vielleicht auch bei Kaisers… Oder ich heirate den Papst! Der ist nämlich ´ne voll gute Partie!"

„Der Papst?", fragte ich ungläubig.

„Ja, klar! Dem gehört ein eigenes Land in Italien! Da bin ich dann die First Lady! Die Frau Obama vom Vatikan… nur mit weniger Farbe.

„Verstehe…", versuchte ich ihren außergewöhnlichen Plan zu würdigen.

„So ´en Papst ist ja auch viel unterwegs. Das heißt, der ist selten daheim. Dann bringt der auch nicht so viel Dreck ins Haus.

Und so ´en Papst verdient voll viel Geld, darf aber selber nix ausgeben", ein breites, verschwörerisches Lächeln machte sich in ihrem Gesicht breit.

„Viel Geld ausgeben darf man nur als Bischof!", fügte sie noch hinzu.

„Super ist auch, dass man sich als Papstfrau keine Gedanken um die Rente machen muss… der Papst

arbeitet ja bis zum Schluss… dann schickt der irgendwann Rauchzeichen, damit ich weiß, dass ich jetzt Witwe bin.
Und die von der Kirche suchen mir dann auch gleich einen neuen Mann. Da brauch ich mich um nix zu kümmern. Das ist alles all inclusive mit der Kirchensteuer."

Mir fehlten die Worte – und das lag nicht nur an den immer anstrengender werdenden Zumba-Übungen…

„Und wenn ich kurz vorm Tod bin, also mit 30 oder so, dann lass´ ich mir einfach die Lebenslinie verlängern."

„Aber wäre es nicht viel schöner, wenn du nicht nur durch die Hilfe eines Mannes versorgt wärst, sondern dich selbst finanzierst?", gab ich zu Bedenken.
„Ich hab ja nicht gesagt, dass ich nur Papstfrau sein will! Ich will schon auch eigenes Geld verdienen. Ich denke da an einen Minijob… nix Anspruchsvolles… Bundeskanzler oder so."

„Oje, da will ich nicht wissen, wie unser Land dann regiert wird…", plumpste es aus mir heraus.

„Das hab ich mir schon überlegt. Ich werde nach

dem Vogelprinzip regieren: Hoch hinaus und von oben drauf scheißen!"

„Du hast ja Pläne", stellte ich zusammenfassend fest, als wir uns gemeinsam in der Umkleidekabine der durchgeschwitzten Sportklamotten entledigten. „Willst du nicht lieber einen schöneren Job? Andere Mädchen in deinem Alter wollen Tierärztin werden oder Kindergärtnerin oder Prinzessin."

„Prinzessin wollte ich auch mal werden, aber dann hab´ ich ein Bild von Prinz Charles gesehen…".

„Ich wäre gern Dornröschen…", sagte ich mehr zu mir selbst. „Aber ohne Prinz, ich will schlafen…".

Die ersten 40 Jahre der Kindheit sind die härtesten!

„Ich bin jetzt Schülerlotse.", erzählte Tineke mir nach dem Zumba in der Umkleidekabine.

„Blöder Job! Den hab ich mir auch nicht selbst ausgesucht. Das war die Strafe vom Direktor von meiner Grundschule. Ich würde immer so blöde Fragen stellen.
Meine Relilehrerin sagt immer: Tineke, wenn ich dir so zuhöre, denke ich oft, dass 15-20 Jahre Gefängnis wegen Mord gar nicht so viel sind. Dumm bin ich jedenfalls nicht! Ich hab nur manchmal Pech beim Denken und will halt immer alles ganz genau wissen!

Mich würde zum Beispiel mal interessieren, ob sich Chinesen auch deutsche Schriftzeichen in den Nacken tätowieren lassen. Das ist doch ´ne berechtigte Frage, oder?! Wir gehen ja auch zum Tätowierer und wollen was typisch Chinesisches... Glück oder Liebe oder Hoffnung oder so.
Vielleicht haben Chinesen ja auch Lust auf was typisch Deutsches... Mehrwertsteuer zum Beispiel oder Bruttosozialprodukt wären doch toll!"
„Und dazu das Konterfei von der Merkel", fügte ich lachend hinzu. Dieses Kind hatte aber auch

Gedankengänge…

„In Mathe, da bin ich echt gut. Viele haben ja Probleme damit, ich hab gehört 11 von 7 können nicht mal sicher bis 20 rechnen. Ich kann echt gut logisch denken. Denk mal mit mir:
Je mehr Käse – desto mehr Löcher."

„Ähm, ja, das stimmt", nickte ich.

„Je mehr Löcher – desto weniger Käse."

„Jo, wenn man´s so sehen will."

„Also: Je mehr Käse, desto weniger Käse. Hast du das auch raus?"

Während ich noch darüber nachdachte, wo genau in der Rechnung der Denkfehler war, war die kleine Maus schon wieder einen Schritt weiter.

„Wo wir die Polizeidienststelle mit der Klasse besucht haben, wollte ich wissen, wie die Polizei früher vor 5000 Jahren Verkehrssünder geknipst hat. Da gab es ja noch keine Kameras."

Gerade wollte ich zu einer Erklärung ansetzen, da quasselte sie schon wieder weiter fröhlich drauf los.

„Statt ´ne Antwort zu bekommen, haben die meine

Mama angerufen, dass die mich abholt."

Sie zog eine weinerliche, aber unglaublich niedliche Schnute.

„Die war natürlich nicht begeistert, dass sie mich schon wieder abholen muss. Ich war nämlich noch bei keinem Schulausflug bis zum Schluss mit dabei."

Ein kleines Tränchen rollte über ihre vom Zumba noch rötlich gefärbten Wangen, wurde aber hastig weggewischt.

„Meine Mama holt sich an den Tagen, wo Schulausflug ist, schon immer Urlaub. Meistens fährt sie dem Bus nach und wartet die zehn Minuten bis zum Anruf vom Lehrer auf dem Parkplatz. Und die Mama meinte mal wieder, dass ich mir so aber keine Freunde mache.
Ist mir doch egal... Ich brauch' keine Freunde, ich hab Wurst mit Gesicht im Kühlschrank.
Und die kann ich so viel fragen, bis sie grün wird!"

Wütend stampfte sie mit dem Fuß auf.

„Ich bin seit meinem letzten Geburtstag eh voll der Außenseiter in meiner Klasse. Und das alles nur, weil mir bei der Rechtschreibung manchmal dumme Fehler passieren.
Zu meiner Geburtstagsparty ist auch keiner ge-

kommen. Ich hatte so tolle Einladungen gebastelt. Und ich hab´ reingeschrieben: Es wird Torte geben!"„

„Ist doch super! Da haben die Kinder sich doch sicher gefreut…"

„Nee, leider nicht… Dummerweise hatte ich bei Torte das r vergessen… Kann doch mal passieren…"

Ich wusste – mal wieder – nicht, ob ich lachen oder weinen sollte.

„Vielleicht werde ich ja Lehrerin. Oder Polizistin, die haben ja auch keine Freunde.
Ich versteh mich gut mit den Polizisten! Allerdings waren die nicht begeistert, dass ich mit ohne Helm und ohne Fahrradführerschein einfach so mit dem Rädchen auf der Straße fahre, aber meine Reifen fanden die cool. Der eine Polizist meinte sogar: Boh, die sind ja total abgefahr´n.
Ich weiß viel über die Polizei, das haben wir im Sachunterricht besprochen.
In dem Test zu dem Thema hätte ich fast ne 1 bekommen. Okay, es war ´ne 3-, aber nur eine Antwort war nicht ganz richtig.
Die Aufgabe war: Berichte von deinen eigenen Erlebnissen mit der Polizei!
Ich hab dann geschrieben:

Obwohl meine Mutter einen Seitensprung mit einem Polizist gemacht hat, ist sie dem Verkehr zum Opfer gefallen.

Ich könnte auch Undercover-Cop werden. Ich fall´ auf keine Tricks rein! Letzte Woche hab ich z.B. ´en 50 Euro-Schein gefunden. Den hab ich aber gleich mal in den Müll geworfen, der war nämlich nicht echt, der war lila und hatte ´ne Null zu viel."

Wieder nahm ich Luft, um mich in den Monolog einzuschalten, aber die Worte und Sätze purzelten schon weiter aus ihr heraus.

„Meine Mama hält nix von den Polizeiplänen. Die sagt immer, ich wär´ wegen meiner großen Klappe ´ne größere Sicherheitslücke für private Daten als wie´s facebook.
Ich muss ja nicht zur Polizei, ich kann auch was anderes arbeiten.
Ich könnte ja zum Beispiel Dieb werden. Ein richtiger Ganove mit Sonnenbrille und großem schwarzen Hut. Dann klau´ ich aber nur bei kik, da ist es billiger.
Oder ich werde Koch bei Germanys Next Topmodel. Den ganzen Tag chillen und abends für die ganze Truppe ein Äpfelchen schälen..."

„Guter Plan!", lobte ich.

„Ich hör´ jedenfalls mit Nachfragen nicht auf! Die singen doch sogar bei der Sesamstraße: Wer nicht fragt, bleibt dumm.

Und dumm will ich auf keinen Fall bleiben! Wennste nämlich dumm bist, kriegste keinen guten Job und dann verdienste kein Geld und musst in den Harz ziehen. Da will ich aber nicht hin!"

Ich unterbrach ihren Bericht durch ein schallendes Lachen, das ich mir einfach nicht verkneifen konnte.

„Ich hab´ ja jetzt erst Englisch neu in der Schule, da kann ich nicht auch noch Sächsisch lernen!"

Ich stecke in der Bredouille!
Oh wie schön - Frankreich

Am Donnerstag hieß es für uns Weibsbilder mal wieder "Koffer packen und ab in den Süden"! Wer jetzt an Spanien, Italien, Sonne, Strand und Meer denkt, den muss ich enttäuschen!

Zunächst ging´s in den südlich gelegenen Schwarzwald, nach Schömberg, -3°, aber die Frisur sitzt. Nachdem wir im Hotel eingecheckt hatten, sahen wir uns die dazugehörige Location an - ein altes Schwimmbad, das im Schwabeländle zur Kleinkunst-Bühne umfunktioniert worden war.

Frage: Wie geht eigentlich Schwäbisch? - Ein Crash-Kurs für Anfänger und Fortgeschrittene

Ich komme ja nur selten aus meinem geliebten Städtchen raus (soll die Welt doch zu mir kommen!). Daher war mir gar nicht bewusst, dass nicht alle Menschen in Deutschland "eiflerisch" reden *ich bin schockiert*! Gut, dass die Sachsen östeln, weiß ich aus diversen Talkshows, hielt es aber bisher immer für einen dramaturgischen Schachzug der Talkshow-Macher, um das komplette nicht vorhandene Potential dieses Fernseh-Formats gänzlich auszuschöpfen und ihm einen lustigen Touch zu geben.

Und nun das! Da gehe ich mal auf Reisen und sehe mich plötzlich mit Fremdsprachen konfrontiert, die es als Wahlfach an meiner Schule nie gab! Aber ich bin ja ein schlaues Weibsbildchen und ausgesprochen lernfähig
Hier also "Schwäbisch":

1. Mache situationsbedingt aus etwa 67,312 % der s-Laute ein sch:
Nest – Nescht

2. Setze ans Ende der Namenwörter gekonnt die super-niedliche Endung -le:
Nescht – Neschtle

3. Verzichte weitestgehend auf Vokale - arbeite vermehrt mit Konsonanten:
der – dr

Jo, im Groben war´s das! Gar nicht so schwer dieses Schwäbisch
Nach einer ruhigen Nacht fielen wir erstmal über das Frühstück her - wir essen ja sooo gern! Gut gestärkt begaben wir uns erneut in die Schwimmbad-Location, um die freie Zeit zum Proben für´s neue Programm zu nutzen.
Wo noch wenige Stunden zuvor die Emotionen durch Lachsalven hochkochten, war es nun stark abgekühlt und schon bald griffen wir zu Pullover,

Jacke, Schal und Handschuhen.

Frage: Haben Sie schon mal den Film "Überleben" gesehen?

Die Handlung ist schnell erzählt: Eine Sportmannschaft, bestehend aus leckeren jungen Männern stürzt mit dem Flugzeug in den Bergen ab und vor lauter Kälte und Hunger beginnen sie kurz darauf, sich gegenseitig aufzufuttern...
Bevor uns das gleiche Schicksal ereilen sollte - wir essen ja sooo gern! - beschlossen wir, Schömberg zu verlassen und nach Nagold weiter zu reisen.

Auch dort checkten wir zunächst im Hotel ein
Anschließend ging´s weiter zum Scheraschleifer, wo wir einige Stunden später, gemeinsam mit einem leckeren Essen, die Anwesenden beglücken sollten.

Frage: Wie beschimpfen sich eigentlich die Schwaben? Oder: Kann man sich auf schwäbisch überhaupt vernünftig streiten?

Wie mein Crash-Kurs "Schwäbisch" bereits erläuterte, haben die Schwaben eine unverwechselbare Art zu kommunizieren. Bei so viel sprachlicher Freundlichkeit und Verniedlichungsformen stellt sich die berechtigte Frage, ob sich dieser Dialekt auch für intensive Streitgespräche eignet... Können

Aussagen wie: "He, pasch uff, sonscht hol ich mei Brüderle" tatsächlich Angst einflößen und für den nötigen Respekt sorgen?

Unsere Tour führte uns an diesem Tag nach Tübingen. Nachdem wir uns im Hotel Adler in Horb schon einmal häuslich eingerichtet hatten, ging´s los zum Vorstadt-Theater, ein wirklich süßer Auftrittsraum in Tübingen.
Nach unserem Abschlusslied forderten die bis dahin sehr zurückhaltenden Zuschauer gleich zwei Zugaben ein.
Nach dem Auftritt verabschiedete man sich von uns mit den Worten: Ihr worad echt super! Die Zuschauer warn jo total in Ekschtase.

Frage: Was ist eigentlich Ekstase?

Während der Eifler - mit starker emotionaler und autobahntechnischer Anbindung ans Rheinland - unter Ekstase das spontane, komplette, oft grundlose Ausrasten (gerne unter Zugabe von Alkohol, lustigen Pappnasen, diversen Kalauern und vill Spass an der Freud) versteht, hat dr Schwob a gansch andre Vorstellung vom Ekschtase-Spässle.

Das Ausrasten passiert eher innerlich, so ganz im Stillen - den ganz Mutigen entfährt als Zeichen des absoluten Kontrollverlusts auch schon mal ein leises Lachen.

Hoffentlich erfahren die Schwaben bei einer Reise in die Eifel nicht DEN Schock ihres Lebens, wenn sie ohne Vorwarnung in den rheinischen Karneval geraten...

Von Tübingen ging´s am späten Abend zurück nach Horb ins Hotel Adler
P.S. Dort gab es eine sooo liebe Eigentümerin mit dem schwäbsche Herzle am rechten Fleckle!

Um am Nachmittag die Zeit sinnvoll zu nutzen, fuhren wir nach Freudenstadt ins Panorama-Bad und es wurde ordentlich gewellnesst... äh, wellgenesst... äh, Wellness gemacht.
Sauna, Dampfbad, Peeling und Massage machten uns fit für den am Abend im Gasthof Adler stattfindenden Auftritt. Auch hier "schwäbsche Ekschtase" und lauter liebe Menschen.
Apropos liebe Menschen: Die Schwaben sind ein ausgesprochen freundliches Völkchen. Wildfremde grüßen einen auf der Straße mit einem gutgelaunten „Hallo", Türen werden aufgehalten und es ist immer Zeit für ein kleines Schwätzchen, sorry Schwätzle. Ich weiß es nicht 100%ig, aber ich könnte schwören, Knigge kam aus Horb-Dettingen!

Oh ach herrje, noch ´ne Fremdsprache... Jetzt war ich so stolz, in drei Tagen schwäbisch gelernt zu haben, da komme ich schon wieder in die unangenehme Lage, mich nicht wie gewohnt verständigen zu können. Schwäbisch bringt einen im bayerischen Ingolstadt nämlich auch nicht weiter...

Nach dem Bezug unseres Luxus-Hotels ging´s erstmal in den Wellness-Bereich. Sauna, Dampfbad, Peeling, schwimmen und whirlpoolen... Unendlich entspannt fuhren wir dann zur Location "Neue Welt"

Frage: Woher kommen eigentlich all die Sprachen?

Als studierte Religionslehrerin ist für mich die Beantwortung dieser Frage natürlich kein Problem!

Als die Menschen, noch lange vor Jesu Geburt, gemeinsam einen hohen Turm bauen wollten, kam es zum Streit. Man wurde sich einfach nicht einig, wie, womit und wie hoch der Turm gebaut werden soll.

Da sagte der Schwabe: Mr ischt das gansche Türmle baue zu teur! I geh un bau mei Neschtle woanders!

Auch der Bayer hatte plötzlich keine Lust mehr: I mog nimmer! I geh hoam und trink a Moaß! Nur der Eifler hatte noch Ausdauer: Esch machen dat schruuße Döngen hey weylen janz aleen fädisch!

Als Belohnung stattete der liebe Gott den Eifler mit diesem wunderbaren Dialekt aus, schenkte ihm Fröhlichkeit, Feierlaune und die Fähigkeit zur absoluten Ekstase!

Beziehungsstatus?
Schmetterlinge erfolgreich
wieder ausgekotzt!

"Hast du eigentlich einen Mann?", fragte Tineke mich bei der Zumbastunde, in der wir uns einmal wöchentlich sahen.

„Nö…"

„Wieso denn nicht?"

„Ähm… Keine Ahnung… Vielleicht bin ich über-qualifiziert…?"

„Sei nicht traurig", sagte sie tröstend. „Jeder Topf findet mal einen Deckel!"

Hm, bisher hatte ich mir immer nur den Hintern an der Herdplatte verbrannt. Das sagte ich ihr natür-lich nicht. Ich versuchte stattdessen einen Vergleich mit der Tierwelt.

„Als Frau muss man sich eben entscheiden: Willst du einen Hund oder einen Mann?! Und da musst du ja dann wieder überlegen, ob du dir lieber den Teppich versauen lässt oder gleich das ganze Le-ben…"

Tineke nickte wissend.

„Du musst auch richtig suchen!", antwortete sie fachmännisch.

Ich seufzte. Das Erotischste diesen Monat waren die 69% Akku auf meinem Handy.

„Mach´ dich doch mal hübsch! Du hast doch ein bisschen Busen, zeig den doch mal! Wenn man Obst verkaufen will, muss man schon ein paar Äpfel ins Schaufenster legen! Das bringt die Männer um den Verstand"

Ich war geplättet! Die kleine Maus wusste für ihr Alter wirklich Bescheid! Witzig, wenn dir eine Neunjährige mit weniger Zähnen als ´ne Kürbislaterne, Stylingtipps gibt. Ob sie sich auch schon im Klaren darüber war, dass der Anblick eines ausladenden Dekolletés das Denkvermögen eines Mannes um 50% verringert – pro Brust!?

Fakt ist: Eine Bordsteinschwalbe macht noch keinen Sommer! Ich selbst hatte trotz gepushtem Wonderbra-Obst in der Auslage und diversen anderen Schlampenfeatures noch nie einen Mann um den Verstand gebracht – die meisten hatten gar keinen… Und viele haben mich so übel behandelt, dass ich sie heute nicht mal dann anspucken würde, stünden sie – angezündet durch meine Pyrokinese - in Flammen. Bei den meisten meiner Verflossenen merkte man sofort: Im Kopf brennt Licht, aber es ist niemand zu Hause. Dass fast alle nur über einen Zimmertemperatur-IQ verfügten war aber auch nie schlimm, denn ich bin bei Männern sowieso wie ein Kind, das eine Zeitlang Freude an seinem neuen Spielzeug hat und es dann unbeachtet liegen lässt.

Mit einigen dieser Fehltritte hatte ich sogar Recyclingsex - sozusagen mein Beitrag für eine saubere Umwelt. Allerdings sind meine Bedtime-Stories schon so lange her, dass ich mich, angesprochen auf das Thema Sex, in etwa so fühle, wie ein Alkoholiker, dem man ein Sixpack mitbringt.

„Hast du am Samstag schon was vor?"

„Nein, wieso?"

„Dann zieh dir was Schönes an und begleite mich."

„Wohin?" Jetzt war ich aber neugierig.

„Ich schleiche mich zu einer Singleparty. Hab bei facebook was darüber gelesen. Da muss man einfach ein Formular ausfüllen und schon ist man so gut wie verheiratet."

Singleparty... Lust hatte ich darauf nicht, wollte aber gerne mehr über das Vorhaben meines jüngeren Ichs in Erfahrung bringen.

„Okay, ich hole dich ab."

Samstag gegen Abend stand ich gewaschen und gekämmt vor der Tinekes Haustür, lud sie ins Auto ein und folgte ihrem Links-Rechts quer durch die Eifel.

„Sag mal, haben deine Eltern denn gar nichts dagegen, dass du mit fremden Leuten im Auto durch die Gegend fährst?", wollte ich wissen.

„Nö, ich hab gesagt, ich muss noch Hausaufgaben machen. Meine Eltern sind gerade bei der Paartherapie, deshalb muss ich heute ja auch alles geben!"

„Alles geben? Wobei?"

„Na, bevor die Therapeutin meinen Plan durchkreuzt und Mama und Papa wieder zusammen bringt, muss ich endlich einen neuen Typen für Mama finden – und das am besten gestern. Ich bin also sozusagen die Kupplung für Mamas Liebesglück"

„Uh, dann ist ja heute ein wichtiger Tag für dich", sagte ich, als uns eine nette Frau am Eingang zur Party Formulare und Kugelschreiber aushändigte.

„Boah, ist hier was los! Echt interessant, was bei so

´nem Singletreffen für komische Leute rumlaufen… Kein Wunder, dass die alle noch nicht unter der Haube sind.

So, dann werde ich mal hier den Fragebogen ausfüllen.", erklärte sie und setzte sich an einen Ecktisch.

„Cool, das ist ja ganz einfach, da muss man ja nur was ankreuzen.
Punkt 1: Angaben zur Person
Name: Mama
Alter: Haben wir nicht! Für den zu finden, sind wir doch hier!
Ort: Daheim"

Bei all den erwachsenen Sprüchen war Tineke doch noch immer ganz und gar Kind. Ein Lächeln huschte über mein Gesicht.

„Vorlieben: Was ist das denn? Ah, bestimmt die Lieben von davor – also Papa, Heiner, Bernd, Klaus, Frank uns der eine, der vorm Frühstück schon wieder weg war."

Das Lachen blieb mir abrupt im Halse stecken. Da war ja ordentlich Durchgangsverkehr…

„So, weiter mit Punkt 2: Beschreiben Sie Ihr Äußeres möglichst genau!

Okay, wie sieht die Mama denn aus? Tja, die ist halt alt und kurz vor scheintot."

Damit wäre dann auch geklärt, warum manche Tiere ihre Jungen fressen…

„Hm, alt und scheintot steht hier jetzt gar nicht zur Auswahl...
Dann kreuz ich halt „**im besten Alter**" an.
Hm, verlebt und verbraucht steht hier auch nicht.
Naja, nehm´ ich mal **erfahren**.
Dann kreuz ich noch **südländischer Typ** an –
die Mama rasiert sich nämlich nie die Beine.
Duschen tut sie auch nur selten – also **naturverbunden**.

So weiter mit Punkt 3: Kreuzen Sie an, was Ihrem Charakter am besten entspricht!
Eigentlich ist die Mama ja nur langweilig... da kreuz ich mal **unkompliziert** an.
Und **sensibel** nehm´ ich auch noch – die Mama ist nämlich voll weinerlich und droht immer mit Selbstmord, wenn sie ihren Willen nicht kriegt.
Dann nehm´ ich noch **gebildet**, die Mama fotografiert ja gern.
Und **fröhlich** trifft auch zu – die Mama nimmt für die Fröhlichkeit nämlich ´ne Menge Gut-drauf-Pillen.
Dann kreuz ich noch **vielseitig interessiert** an –

die Mama mischt sich nämlich voll gern in anderer Leute Sachen ein.
Was bedeutet denn **spirituell**?"

Noch ehe ich antworten konnte, plapperte sie schon weiter und war bemüht, die gestellte Frage selbst zu beantworten.

„Ist das, wenn einer bei Vollmond unberechenbar wird oder hat das was mit Alkohol zu tun? Egal, trifft beides zu, also nehm´ ich das.
So, das war´s. Biste auch fertig?"

Ich hatte noch nicht ein Wort geschrieben – ich war ja auch nicht wirklich auf der Suche nach einem Mann.

Stattdessen wollte ich wissen, was sie in Ihrem Rucksack mit sich rumschleppte.

„Na, meine Hausaufgaben."

„Willst du die jetzt machen? Hier?"

„Ja, klar! Das nennt man gut organisiert! Während ich hier auf einen neuen Stiefpapa warte, kann ich das doch grade schnell erledigen."

Sie nahm ein Buch aus dem Rucksack.

„So, mach ich mal Rechnen. Ihh, Textaufgaben.
Wenn ein Huhn jeden Tag 30 Eier legt, was hat man am Ende der Woche?
Ähh...ein erschöpftes Huhn! Hm, da war ja jetzt gar nix mit Rechnen dabei.

Wenn man ein Stück Papier in 4 Teile zerreißt, hat man ein Viertel. Wenn man es in 1000 Teile zerreißt, was hat man dann?"

Nachdem sie etwa 2 Minuten immer wieder Finger und Zehen zum Abzählen in die Luft hielt, rief sie: „Ich weiß es! Konfetti! Das war ´ne Fangfrage!

„So, jetzt noch die Sachunterrichtshausaufgabe. Es geht um Schnecken. Kennst du dich zufällig damit aus? Ich weiß nur, dass Schnecken Schleim produzieren, um vorwärts zu kommen.", erläuterte sie und schrieb diesen Gedankenblitz sogleich in ihr Schreibheft.

„Tja, manche Menschen tun das auch...", fügte ich nachdenklich hinzu.

„Jetzt noch den Aufsatz.
Denke dir eine Geschichte aus zu der Überschrift: Unser Hund"

Sie begann zu schreiben und über ihre Schulter konnte ich lesen:
Wir haben keinen Hund. Ende.

„So, das wäre erledigt!", freute sie sich nach getaner Arbeit.

„Bist du sicher, dass du damit durchkommst?", fragte ich, während ich ihr half, die Bücher und Hefte wieder im Rucksack zu verstauen.

„Klar! Mathe und Deutsch hab ich bei Herrn Müller. Der wird sich nicht trauen, sich zu beschweren. Ich hab auf meinem neuen iPad ein paar tolle Schnappschüsse von ihm gespeichert, in Unterwäsche."

„Mein Gott, hast du ihn bei sich Zuhause beschattet?"

„Quatsch, ich hab ihn bei UNS Zuhause beschattet. Der hatte mal was mit meiner Mama.
Ich hatte ihr den aus der Schule besorgt. Ich wollte eh schon immer mal ´en Lehrer als Papa. Ich hab dem erzählt, weil ich doch so schlecht lese, würde die Mama mir immer ein ABC-Pflaster auf die Stirn kleben, damit ich das mal lerne.
Da ist der Superpädagoge sofort zu meiner Mutter. Und als der gemerkt hat, dass die gar nicht so

schlimm ist, wie ich immer in der Schule erzähle, da hat der Müller sich in Mama verliebt und Mama auch in den Müller. Und das war auch gut für mich. Zwar durfte der Müller nicht in die Klasse, in der ich bin, aber er passte gut drauf auf, wen ich als Lehrer kriege.

Der Müller, der wusste alles besser als wie´s die anderen Lehrer. Aber er sagte zu mir, ich soll in der Schule trotzdem gut aufpassen und viel fragen und ihm dann alles sagen. Und das hab ich auch gemacht.

Einen Lehrer hab ich schon zur Verzweiflung gebracht mit meinen Fragen. Ich wollte zum Beispiel wissen, was Schafe zählen, wenn sie nicht einschlafen können oder was passiert, wenn man sich zweimal halb totgelacht hat. Ja, das ist auch Rechnen, aber höhere Mathematik. Und als ich dann noch wissen wollte, was Schmetterlinge im Bauch haben, wenn sie verliebt sind, da hat der Lehrer erstmal so ´en Sabbatjahr genommen, um sich von mir zu erholen. Der meint nämlich, wenn er wieder kommt, wär ich schon auf der weiterführenden Schule. Aber da wisch ich dem ganz schön eins aus, ich bleib nämlich noch ´en Jahr länger. Und der Müller, der hat mich bei der Sache total in Schutz genommen, wie ´en echter Papa.

Er hat dem Lehrer gesagt, ich hätte halt immer so ´en Durst und will alles ganz genau wissen. Der Müller hat mir auch geholfen, als der Direx mich

von der Schule werfen wollte. Dabei war das bloß
´en Missverständnis. Ich konnte nix dafür. Ich
schwör´.

Ich hab da einfach was falsch verstanden, als der
Sportlehrer gesagt hat: Alle Speere zu mir. Ich war
sogar im Krankenhaus auf der Intensivstation und
hab mich entschuldigt. Und soll ich dir was sagen?
Der war gar nicht krank. Der hat Urlaub gemacht!
Camping! Hab ich gesehen! Der lag in einem Zelt.
Ich weiß nicht, ob er die Entschuldigung hören
konnte durch das Zelt, deshalb hab ich´s vorsichts-
halber noch mal durch das Kabel gesagt, das bei
dem in den Arm rein ging.

Aber der Sporttyp hatte mich eh auf´m Kicker. Ich
hatte den nämlich auch als Klassenlehrer. Und als
der nach der 8-Monats-Kur wiederkam, da hat der
mit uns so ´en Intelligenztest gemacht wegen dem
schiefen Turm von PISA. Nach dem Test hat der
Lehrer zu mir gesagt, meine I-Kuh wäre nicht so
groß und die Mama sollte was unterschreiben, dass
ich auf so ´ne besondere Schule gehen kann. Ich
wollte ja auch unbedingt dahin, aber da hat der
Müller zur Mama gemeint: Schätzchen, unter-
schreib das nicht! Und dann hat er den Lehrer an-
geschrien, der soll sich seinen Test sonst wo hinste-
cken. Der taugt eh nix und er geht mit mir zum
Arzt, der gibt mir Pillen gegen meine dummen Fragen und in seiner Familie waren alle Lehrer und ich

krieg trotzdem das Abitur, das wollen wir doch mal sehen!

Tja, der Müller war 'en echt guter Fang. Weil der ja mein neuer Papa war, mussten die anderen Lehrer mich auch in der Pause im Lehrerzimmer ertragen. Ich durfte da nämlich meine Hausaufgaben machen und aus den Elternbriefen, die auf'm Tisch lagen, Schiffchen bauen. Da hat die doofe Frau Franken zur doofen Frau Pauls gesagt, dass sie in der Zeitung gelesen hat, dass die Strompreise steigen.
Und da hat die Pauls gesagt: Na, dann kann Tinekes Mutter aber froh sein, dass ihre Tochter keine Leuchte ist. Das hab ich alles dem Müller erzählt. Tja, jetzt ist die doofe Frau Pauls halt auf der besonderen Schule.
Ich versteh' gar nicht, wie die sowas sagen kann. Ich mein, die Lehrer die können doch von mir auch viel lernen. Der doofen Frau Pauls hab ich jedenfalls beigebracht, dass es beim Autofahren 'ne Menge Lärm macht, wenn man Murmeln im Tank hat.
Heute in der Pause, da hab ich der Lisa nochmal richtig eins aufs Maul gehauen. Da hat der Müller mit mir geschimpft. Er hat gesagt, wir dürfen die Lisa nicht verkloppen, weil doch der Lisa ihr Papa der Landrat ist. Und der Landrat bezahlt unsre Schule und wenn wir die Lisa verkloppen, dann macht der Landrat unsre Schule zu. Na, da hab ich

der Lisa doch gleich nochmal eins aufs Maul gehauen.

Und den Paul, den haben wir furchtbar verkloppt.
Der hat in Mathe ´ne 2 geschrieben und ich bloß
´ne 5. Und das ist nicht gerecht!
Da hat der Müller mit mir geschimpft. Er hat gesagt, wir dürfen den Paul nicht verkloppen. Auch
wenn dem seine Mama nur auf unserer Schule put-
zen tut, wir dürfen den nicht verhauen. Denn auf
unserer Schule, da sind alle Kinder gleich. Ja,
schon, hab ich zum Müller gesagt, aber wir Kinder,
wo haben Papa oder Mama auf der Schule, wir sind
ja wohl ´en bisschen gleicher.

„Bleib´ locker, Tineke! Du kannst sie nicht alle tö-
ten! Du solltest deine Feinde lieber anlächeln und
ihnen zuwinken und hoffen, dass sie davon so verwirrt und abgelenkt sind, dass sie vor einen Bus
laufen!"
„Möchtest du vielleicht was essen?", fragte ich müt-
terlich.

„Was gibt´s denn hier so?"

„Wie wär´s mit ´ner Pizza Funghi?"

„Nee, ich esse keine Pilze", lehnte sie bestimmt ab.
„Da wohnen Schlümpfe drin.

„Okay", ich war verwirrt, suchte aber weiter nach etwas mit ohne Schlümpfe.

„Wie wäre denn ein Joghurteis?"

„Geht nicht, ich bin laktoseintolerant."

„Nicht jeder braucht Laktose, um intolerant zu sein", sagte ich leise zu mir selbst.
„Möchtest du vielleicht einen Obstsalat?", fragte ich freudig, im Glauben, etwas Essbares gefunden zu haben.

„Nee, geht auch nicht… ich bin auch fructoseintolerant."

Mir wurde schlagartig klar, dass meine Kindheit in der Tat Leben am Limit gewesen sein musste!

Kinder sind wie Pfannkuchen - der erste geht meistens daneben

Ich fragte mich während Tinekes ausschweifenden Ausführungen über ihre momentane Situation und ihre Lebensplanung, die doch sehr unumstößlich feststand, wie viel in diesem Kind das Erbgut seiner Eltern war. Wie viel Saat muss man verstreuen, um in einem Kind den Wunsch nach der Scheidung der Eltern zum Blühen zu bringen?

Oder ist das stete Streben nach noch mehr Statussymbolen, Geld und Ansehen eine Entwicklung unserer Zeit? Ist es angelernt, vererbt, anerzogen oder liegt es in den Genen…? Inwieweit sind unser Leben, unsere Entscheidungen für oder gegen etwas vorbestimmt? Und wenn ja, was genau bestimmt unser Tun? Das Schicksal? Gott?

Obwohl meine Freunde wissen, dass ich Single bin, erhalte ich verlässlich jedes Jahr zum Valentinstag Grußnachrichten mit Texten nach dem Muster: „Wir wünschen **auch dir** alles Liebe." Vermutlich soll ich dann eine starke innere Leere spüren, in mich hineinhorchen, lernen, meinen Single-Egoismus zu überwinden und doch noch ein nützliches Mitglied der Gesellschaft werden, bevor es zu spät. Warum eigentlich?

Der Spieleklassiker Tetris hat mich gelehrt, dass wir irgendwann verschwinden, wenn wir versuchen irgendwo reinzupassen.

Etwas an uns kinderlosen Singlefrauen muss ein verstörendes, beklemmendes Gefühl auslösen. Das Bild von der schrulligen alten Jungfer, die mit ihren Katzen spricht.

Die Tatsache, dass eine alleinstehende Frau glücklich sein kann, nichts vermisst, auf niemanden wartet und niemanden sucht, ist für die meisten ein Mythos.

In der Realität verpasst man uns drei Stempel: traurig, einsam, unerfüllt! Frau, vierzig, ohne Partner und Kinder, das bedeutet, dass irgendetwas nicht mit mir stimmt. Da packt viele der Ehrgeiz herauszufinden, was.

„Wenn du keine Familie hast, dann stirbst du eines Tages ganz allein."

Gegenfrage:

„Wen wolltest du denn noch alles mit in den Tod nehmen?"

Als ich zur Welt kam, war ich doch auch allein. Allerdings nicht lange, denn ich wurde gleich von liebevollen Menschen in Empfang genommen.

Und ich glaube ganz fest daran, dass ich zwar alleine ins Licht gehe, dort aber schon jede Menge liebe Menschen auf mich warten werden.

„Wer soll dich denn mal versorgen, wenn du alt bist?"

Gegenfrage:

„Wer versorgt denn euch Paare, wenn ihr alt und runzelig seid?"

Nur, weil mal zufällig eine Spermie auf eine Eizelle traf, heißt das doch nicht, dass ihr im Alter aus dem Schneider seid.

Tineke ist doch nun das beste Beispiel, dass das Ergebnis einer hastigen Liebe nicht unbedingt Interesse daran hat, den Erzeugern später einmal die Tena-Lady zu wechseln.

Die nächste Frage, der ich mich häufig ausgeliefert sehe:

„Warum arbeitest du so viel und verdienst viel Geld, wenn später niemand mehr da ist, dem du es vererben kannst?"

Also, sach´ ma´! Hat denn nur jemand Anspruch auf Arbeit und Lohn, bei dem die Aussicht besteht, den ganzen Schotter irgendwann an die Nachkommen weiterzureichen?

Mal davon abgesehen, dass das Finanzamt von meinen Einnahmen am meisten profitiert, geht doch ein Großteil meines erwirtschafteten Einkommens an euch Paare und Familien – getarnt als Eltern- oder Kindergeld vererbe ich euch ja schon quasi zu Lebzeiten all meine Kohle.

Ich hab mir überlegt, im nächsten Jahr eine vereinfachte Steuererklärung zu machen und überweise gleich das Doppelte von dem, was ich verdient habe.

Was nutzt denn all das Arbeiten, wenn am Ende der Nahrungskette ein kleinkarierter Paragraphenreiter mit Beamtenflicken an den Ellbogen von seinem 60er-Jahre-Schreibtisch aus bestimmt, dass ich das, was ich verdient habe, gar nicht verdient habe, nur weil das Formular für Ehegatten und Kinder unausgefüllt bleibt.

Immer wenn ich meinen Steuerbescheid von Herrn H. – dem bleistiftkauenden Clown, wie ich ihn liebevoll nenne – erhalte, muss ich unweigerlich an eine Sendung aus frühen Kindertagen denken.

Na, wer kennt denn noch die Fraggles?

Gemeinsam mit diesen seltsamen Waldbewohnern lebten die Doozer.

Die Doozer waren sehr kleine, aber unglaublich fleißige Männchen, die den ganzen Tag immerzu mit dem Bau von Brücken und Gebäuden beschäftigt waren. Die einzige Lebensaufgabe dieser grünen Wesen mit ihren gelben Schutzhelmen und den Werkzeuggürteln bestand darin, mit Hilfe diverser Miniatur-Baufahrzeuge erstaunliche Konstruktionen aus Zucker und Radieschen herzustellen.

Dummerweise waren Zucker und Radieschen das Leibgericht der körperlich deutlich überlegenen

Fraggles, die, wann auch immer sie Lust hatten, sämtliche Gebäude und Brücken einfach abbrachen und aufaßen.

Mein kindlicher Gerechtigkeitssinn sagte mir bereits in den frühen 80ern, dass das nicht fair ist und die Doozer taten mir unendlich leid, wurden ihre Meisterwerke doch regelmäßig dem Erdboden gleich gemacht.

Erst viel später verstand ich, dass die Doozer nur deshalb rund um die Uhr wie die Gestörten arbeiteten, weil ihnen das zur Verfügungstellen ihrer Arbeitsergebnisse einen relativ gesicherten Stand in der Fraggles-Welt garantierte.

Langer Rede kurzer Sinn:
Ich will kein Doozer mehr sein!

Ich habe keinen Bock mehr, zu arbeiten und zu arbeiten und zu arbeiten und trotz der großen Abgaben meiner Verdienste im gesellschaftlichen Gefüge ganz, ganz unten zu rangieren und mir mein hart erarbeitetes Geld von einem Finanzamts-Fraggle mit einem willkürlichen Stempelhieb zunichte machen zu lassen.

Als ich mich vor einigen Jahren beim Finanzamt über meinen völlig an den Haaren herbeigezogenen Steuerbescheid und die darin enthaltene horrende Nachzahlung beschwerte, befragte die nette Dame am Telefon ihren gegenübersitzenden Kollegen, der meine Steuer bearbeitet hatte. Herr H. meinte nur: „Die Brausch soll sich mal nicht so anstellen, die verdient genug!"

Ich kann an dieser Stelle gar nicht in Worte fassen, was Herr H. meines Erachtens für diese Aussage verdient hätte…

Was glaubt der denn, was ich an Einnahmen habe??? Ich verdiene als Lehrerin sicher nicht schlecht, aber es ist ja jetzt auch nicht so, dass ich Papierflieger schlucke und sie als Spaceshuttle wieder ausscheide.

Vor einiger Zeit las ich einen Artikel in der „Welt". „Steuerberater erschießt Finanzbeamten" lautete die Überschrift. Am Ende des Berichts war zu lesen „… und dies ist kein Einzelfall".

Seitdem arbeite ich übrigens wieder intensiv an der Pyrokinese…

Das letzte Hemd hat keine Taschen – also, raus mit der Kohle!

P.S.: Es wäre trotzdem toll, wenn irgendwer mir ein paar Münzen mit ins Grab legt. Ich hab´ ein bisschen Angst, dass ich ohne Bargeld abtrete und dann an der Himmelspforte so ein Sanifair-Automat steht…

Umfallen ist wie Anlehnen! Nur später.

Mir wurde in den vergangenen Jahren immer mehr bewusst, was ich von welchem Familienmitglied geerbt habe.

Von der Oma mütterlicherseits habe ich das gluckenhafte, das häusliche. Mich um meine Lieben zu kümmern, ihnen etwas Leckeres zu kochen und ihre Wäsche in Ordnung zu bringen, macht mich glücklich und füllt mich aus!

Von der Oma väterlicherseits, die ich leider nie wirklich bewusst kennenlernen durfte, habe ich Durchsetzungskraft und Kampfgeist geerbt. Wenn ich die, die ich liebe, beschützen will, kann ich mich auf eine Körpergröße von zwei Metern hochschrauben und bin plötzlich bärenstark. Die Oma hat nie zugelassen, dass ihren Söhnen in Schule oder gar Kirche der Hintern versohlt wird, wenn das aus Willkür geschehen sollte. Lehrer und Pastor legten sich wohl nur ungern mit dieser starken Löwenmutter an, denn in den 40er und 50er Jahren zweifelte normalerweise niemand die Entscheidung dieser Männer an – in der Regel durften Kinder nach Belieben verkloppt werden, bis eben auf meinen Papa, wenn der verkloppt wurde, dann ausschließlich verbal und in den eigenen vier Wänden.

Vom Opa mütterlicherseits habe ich überwiegend meine alltäglichen Wehwehchen geerbt - unterzuckert irgendwo rumliegen hat bei uns eine große Tradition, die ich natürlich gerne fortsetze.

Mein Muttchen war eine sehr realistische, oft kühl wirkende Frau. Sie hatte Stil, zog sich gut und vor allem weiblich an, was dem Papa gefiel und was ich über die Jahre auch für mich übernommen habe. Die Mama war, im Gegensatz zum Papa, gänzlich frei von romantischen Gefühlen. Ich sehe sie noch immer auf der Couch sitzen, wie sie schallend lacht und dem aus dem Fernseher ins heimische Wohnzimmer guckenden Bräutigam beim einstigen TV-Hit „Traumhochzeit" zuruft: „Heul doch, du Memme!", wenn der glückliche Mann im Anzug am Ende der Treppe auf seine ins Rüschenkleid gesteckte Zukünftige wartete.

Vom Papa habe ich das Meiste abbekommen! Ich sehe ihm ähnlich, wäre, würde ich mich denn fortpflanzen, ein ebenso gluckenhaftes Elternteil, würde meinem Kind nachtelefonieren, wäre immer in Sorge, dass nur ja nichts passiert.
Von ihm habe ich auch diesen üblen Herzklappenfehler... Herz zu weich, Klappe zu groß...

Vom Papa habe ich auch — und ich denke, das ist

nicht genetisch bedingt, sondern anerzogen – den Hang dazu, immer alle Elektrogeräte und verschlossenen Türen doppelt bis zehnfach zu kontrollieren. Damit gehe ich mir regelmäßig selbst auf den Sack, verfluche dann meine Erziehung und das schwere Erbe, das mein Papa mir durch diesen Alltagstick auferlegt hat, bis ich lächelnd daran denke, dass es eben genau diese kleinen Angewohnheiten und Macken sind, die diese wunderbaren Menschen in mir widerspiegeln.

Das bedeutet gleichzeitig, dass ich weiß, wo ich hin gehöre, weiß, wo ich her komme, weiß, wo ich bedingungslos geliebt und akzeptiert werde – ob mit Falten oder straff gebügelt, ob mit nervigen Angewohnheiten oder ohne.

Eine Bekannte erzählte mir neulich, sie habe im Urlaub eine 96jährige Frau getroffen, die sich einen kleinen Bungalow am Strand gekauft hatte. Auf den Einwand, sie habe jetzt sicher viel mit dem Umzug zu tun, verneinte sie. Einziehen würde sie dort erst, wenn sie alt wäre.

Vielleicht ist genau das der Trick! Das Altern einfach immer weiter in die Zukunft verschieben, auch weiterhin Pläne machen, nicht umsonst heißt es: Wer rastet, der rostet!

Natürlich war der Anblick eines schwerhörigen Jopie Heesters, angelehnt an ein Klavier, ein wenig befremdlich. Letztendlich hat er damit aber doch nur die Botschaft in die Welt getragen, die jeder Senior selbstbewusst vertreten sollte: „Siehste guck´, ich bin noch da!"

Alle Menschen wollen alt werden, aber niemand möchte alt sein!
Was ist am Älterwerden eigentlich so schwer? Geht doch von ganz allein.
Auch, wenn ich nicht scharf auf Cellulite, Übergewicht, hängende Winkeärmchen und Runzeln bin, so erzählt doch jede einzelne Falte mein ganz persönliches Leben!
Die eine weiß Trauriges zu berichten, eine andere erzählt von Wut und Ärger über Finanzbeamte und andere Fraggles. Mein gekrümmter Rücken zeigt die Spuren derer, die mir über die Jahre den Buckel runter rutschen konnten.
Meine kurzsichtigen Augen werden all das Schöne widerspiegeln, das mir die Welt gezeigt hat.
Und ich bin mir sicher, dass an meinem 111. Geburtstag die meisten Runzeln all den Spaß wiedergeben, den ich im Leben hatte, dass die vielen Falten zum Ausdruck bringen werden, dass Lachen letztlich der beste Kosmetiker ist. Meine Hände werden von der Arbeit berichten, mit der ich mir MEIN Leben aufgebaut habe, mein Gesicht wird all die die Liebe ausstrahlen, die ich erfahren durfte und über all die Jahre im altersschweren Herzen getragen habe.
Die schwerhörigen Ohren werden nur noch das

hören, was sie hören wollen und mein Mund wird laut und deutlich sagen: „Siehste guck´, ich bin noch da!

Ich weiß, wer ich bin und ich bin, was Genetik, Vergangenheit, Erziehung, Erfahrung und liebge-wonnene Menschen in mich gepflanzt haben.
Und das, was da blüht – und mit zunehmendem Alter allmählich ver-blüht – ist doch gar nicht so übel, oder!?

Soll der Bürgermeister kommen – ich such´ schon mal nach einer schönen Vase!